现代企业财务管理及其数字化发展研究

侯蕴慧 著

中国商业出版社

图书在版编目（CIP）数据

现代企业财务管理及其数字化发展研究 / 侯蕴慧著
. -- 北京 : 中国商业出版社, 2023.12
ISBN 978-7-5208-2860-4

Ⅰ. ①现… Ⅱ. ①侯… Ⅲ. ①企业管理－财务管理－数字化－研究 Ⅳ. ①F275

中国国家版本馆 CIP 数据核字(2023)第 247366 号

责任编辑：聂立芳
策划编辑：张　盈

中国商业出版社出版发行
（www.zgsycb.com　100053　北京广安门内报国寺1号）
总编室：010-63180647　　编辑室：010-63033100
发行部：010-83120835/8286
新华书店经销
三河市悦鑫印务有限公司印刷
*
710毫米×1000毫米　　16开　11.5印张　205千字
2024年8月第1版　2024年8月第1次印刷
定价：78.00元
* * * *

前言

CATALOG ◎

从现代企业发展的角度分析，财务管理的数字化发展，不仅符合当今数字经济大势，对企业重塑现有财务管理体系也有着一定作用。现代企业应积极推进企业财务管理系统数字化发展，利用先进技术手段扩大财务的数据采集和整合功能，提高企业管控能力和运作效率等方面，提高企业的核心竞争力。

为了有效地推进企业财务管理及其数字化发展，作者结合多年实践经验编写成本书，希望能为相关人员提供借鉴和参考价值。

本书分为七章。第一章为企业财务管理的认识，主要对企业财务管理内涵、企业财务管理的价值探讨和企业财务管理的发展趋势进行分析；第二章为传统企业财务管理的主要内容与存在的问题，主要介绍了传统企业财务管理的主要内容和传统企业财务管理面临的问题；第三章为财务管理数字化转型的必要性与困境，主要阐述了数字化大环境的特征与机遇、企业财务管理数字化转型的必要性和企业财务管理数字化转型的困境；第四章为智能财务，主要对智能财务的认识、智能财务带来的管理变革和智能财务的规划与实施进行了分析；第五章为大数据时代的财务管理，主要对大数据概述、大数时代传统财务管理面临的问题和大数据与现代财务管理的契合性分析进行阐释；第六章为财务共享中心，主要分析了财务共享中心的内涵、财务共享中心的基本架构和财务共享中心的建设路径；第七章为业财融合，主要对实现业务与财务的一体化、数字化与业财融合和基于业财融合理念的应收账款管理进行阐述。

本书通过对现代企业财务管理的基础知识及其数字化发展转型趋势的分析，从智能财务、大数据财务、财务共享中心建设以及业财融合等多个维度对企业财务的数字化发展方向进行了分析和研究。全书结构清晰，表述清楚，重点突出，详略得当。

在本书的写作过程中，参考了有关专家学者的研究观点和成果，在此表示诚挚的感谢。由于作者时间和能力的限制，本书内容可能会存在不足之处，欢迎广大读者予以批评指正。

作　者

2023 年 11 月

CATALOG ◎

目 录

第一章　企业财务管理概述

第一节　企业财务管理内涵

一、企业财务管理的概念

（一）企业财务活动

企业财务活动是以现金收支为主的企业资金收支活动的总称，具体表现为企业在资金的筹集、投资及利润分配活动中引起的资金流入及流出。

1．企业筹资引起的财务活动

企业从事经营活动，必须有资金。资金的取得是企业生存和发展的前提条件，也是资金流动和资本运作的起点。企业可以通过借款、发行股票等方式筹集资金，表现为企业资金的流入。企业偿还借款、支付利息、股利以及付出各种筹资费用等则表现为企业资金的流出。这些因为资金筹集而产生的资金收支，便是由企业筹资引起的财务活动。

企业需要多少资金，资金从哪来，以什么方式取得，资金的成本是多少，风险是否可控等一系列问题需要财务人员去解决。财务人员面对这些问题时，一方面要保证筹集的资金能满足企业经营与投资的需要，另一方面要使筹资风险在企业的掌握之中，以免企业以后由于无法偿还债务而陷入破产境地。

2．企业投资引起的财务活动

企业筹集到资金以后，使用这些资金以获取更多的价值增值，其活动就是投资活动，相应产生的资金收支便是由企业投资引起的财务活动。

投资活动包括对内投资及对外投资。对内投资主要是指使用资金来购买原材料、机器设备、人力、知识产权等资产，自行组织经济活动，获取经济收益。对外投资是指使用资金购买其他企业的股票、债券或采用与其他企业联营等方式获取经济收益。对内投资中，企业用于添置设备、厂房、无形资产等非流动性资产的对内投资，由于回收期较长，又称对内长期投资。对内长期投资通常用来构建企业的生产运营环境，形成企业经营的基础。企业必须利用这些生产运营环境进行日常生产运营，组织生产产品或提供劳务，并最终将这些产品或劳务变现，方能收回投资。日常生产运营活动也是一种对内投资活动，这些投资活动主要形成了应收账款、存货等流动资产，资金回收期较短，故又被称为对内短期投资。

企业有哪些方案可以备选投资，投资的风险是否可接受，有限的资金如何尽可能有效地投放到最大报酬的项目上，这些是财务人员在这类财务活动中要考虑的主要问题。财务人员在面对这些问题时，一方面要注意将有限的资金尽可能加以有效利用以提高投资效益，另一方面要注意投资风险与投资收益之间的权衡。

3．企业利润分配引起的财务活动

从资金的来源看，企业的资金可分为权益资本和债务资本两种。企业利用这两类资金进行投资运营，实现价值增值。这个价值增值扣除债务资本的报酬即利息之后若还有盈余，就是企业的利润总额。我国相关法律法规规定，企业实现的利润应依法缴纳企业所得税，缴纳企业所得税后的利润为税后利润，又称为净利润。企业税后利润要按照法律规定按以下顺序进行分配：一是弥补企业以前年度亏损；二是提取盈余公积；三是提取公益金，用于支付职工福利设施的支出；四是向企业所有者分配利润。这些活动就是利润分配引起的财务活动。

利润分配活动中尤为重要的是向企业所有者分配利润。企业需要制定合理的利润分配政策，相关政策既要考虑所有者近期利益的要求，又要考虑企业的长远发展，留下一定的利润用于扩大再生产。

上述财务活动的三个方面不是相互割裂、互不相关的，而是相互联系、互相依存的。因此，合理组织这些财务活动就构成了财务管理的基本内容，即筹资管理、投资管理及利润分配。由于投资活动中的对内短期投资主要用于企业的日常运营，是企业最为频繁且相当重要的财务活动，因此也有学者将财务管理的基本内容分为筹资管理、投资管理、营运资本管理、利润及其分配的管理四个方面。

（二）企业财务关系

企业在组织财务活动的过程中与其利益相关者之间发生的经济关系就是企业财务关系。在企业发展过程中，离不开各种利益相关者的投入或参与，比如股东、政府、债权人、雇员、消费者、供应商，甚至是社区居民。

他们都是企业的资源，对企业生产经营活动能够产生重大影响，企业要照顾到各方利益才能使企业生产经营进入良性循环。

1．企业与投资者之间的财务关系

企业与投资者之间的财务关系主要是指企业的投资者向企业投入资金，以及企业向其投资者支付投资报酬所形成的经济关系。企业与投资者之间的财务关系实质上是一种所有权与经营权的关系。

2．企业与债权人之间的财务关系

企业除利用所有者投入的资本金进行经营活动外，还会向债权人融入一定数量的资金以补充资本金的不足或降低企业的资本成本。企业债权人是指那些对企业提供需偿还的资金的单位和个人，包括贷款债权人和商业债权人。贷款债权人是指给企业提供贷款的单位或个人，商业债权人是指以出售货物或劳务形式提供短期融资的单位或个人。

企业利用债权人的资金后，对贷款债权人，要按约定还本付息；对商业债权人，要按约定时间支付本金，约定有利息的，还应按约定支付利息。企业同其债权人之间的关系是一种债务与债权的关系。

3．企业与受资者之间的财务关系

企业投资除了对内投资以外，还会以购买股票或直接投资的形式向其他企业投出股权资金。企业按约定履行出资义务，不直接参与被投资企业的经营管理，但按出资比例参与被投资企业的利润及剩余财产的分配。被投资企业就是受资者，企业同其受资者之间的财务关系体现的是所有权与经营权的关系。

4．企业与债务人之间的财务关系

企业在经营过程中，可能会有闲置资金。为了有效利用闲置资金，企业会去购买其他企业的债券或向其他企业提供借款以获取更多的利息收益。另外，在激烈的市场竞争环境下，企业会采用赊销方式促进销售，形成应收账款，这实质上相当于企业借给了购货企业一笔资金。在这两种情况中，借出资金的企业为债权人，接受资金的企业就是债务人。企业将资金借出后，有权要求其债务人按约定的条件支付利息和归还本金。企业同其债务人的关系体现的是债权与债务关系。

5．企业与国家之间的财务关系

国家作为社会管理者，担负着维护社会正常秩序、保卫国家安全、组织和管理社会活动等任务。国家为企业生产经营活动提供公平竞争的经营环境和公共设施等条件，为此所发生的“社会费用”须由受益企业承担。企业承担这些费用的主要形式是向国家缴纳税金。依法纳税是企业必须承担的经济责任和义务，以确保国家财政收入的实现；国家秉承“取之于民、用之于民”的原则，将所征收的税金用于满足社会各方面的需要。企业与国家之间的关系反映的是依法纳税和依法征税的义务与权利的关系。

6．企业内部各单位之间的财务关系

企业是一个系统，各部门之间应通力合作，共同为企业创造价值。因此各部门之间的关系是否协调，直接影响着企业的发展和经济效益的提高。企业目前普遍实行内部经济核算制度，划分若干责任中心，进行分级管理。企业为了准确核算各部门的经营业绩，进行合理奖惩，要求各部门间相互提供产品和劳务时进行内部结算，由此产生了资金内部的收付活动。企业内部各单位之间的财务关系体现的是在劳动成果上的内部分配关系。

7．企业与员工之间的财务关系

员工是企业的第一资源，员工依靠企业生存，两者相互依存。正确处理好企业与员工之间的关系，对于一个企业的发展来说尤为重要，也是一个企业发展壮大的不竭动力。员工为企业创造价值，企业将员工创造的价值的一部分根据员工的业绩作为报酬（包括工资薪金、各种福利费用）支付给员工。企业与员工之间的财务关系体现的也是在劳动成果上的分配关系。

二、企业财务管理的基础知识

（一）企业财务管理的特点

财务管理是在企业活动的整体目标下，对企业资金投资、筹资及资金流通的一系列管理，同时还参与收益的分配。财务管理具有自身的特点，包括以下几方面。

1．财务管理内容的复杂性

财务管理涉及企业日常管理的方方面面，是一项综合性工作。财务管理是一种货币价值管理，它将企业生产经营活动的过程用货币价值的形式加以体现，并予以管理。因此，财务管理包含的内容同样也是复杂多样的。财务管理的最终目标就是通过一系列管控、协调、统筹，达到企业效益的最大化。

2．财务管理与企业活动有着紧密的联系

资金对企业来说是至关重要的。无论是企业制定大的发展战略，还是企业各部门、各系统日常的运转，都与财务管理有着千丝万缕的联系。企业一系列的活动需要财务管理进行资金管控。离开财务管理，企业运行就会混乱，企业效益就会受影响，甚至会导致企业面临破产的风险。

3．财务管理是企业生产经营的晴雨表

资金是企业生产、经营、发展的命脉，一个企业如果离开资金的支持，必然不可能发展壮大，因此，与资金有密切关系的财务管理就变得至关重要。财务管理会第一时间对企业生产经营状况作出反应，例如，一个企业这个月生产销售状况不好，那么表现在财务管理方面，可能就会出现亏损状态。因此，财务管理能够直接反映企业的运行情况，是企业运转的晴雨表。

（二）企业财务管理的目标

1．企业财务管理目标的概念

企业财务管理目标是指完成企业管理对财务管理提出的要求，在企业理时过程中事先拟定的希望实现的结果。它是在特定的理财环境中，通过组织财务活动、处理财务关系所要达到的根本目的。理财目标是衡量财务管理过程是否有效的最终标准。

企业财务管理目标具有以下特征。

（1）财务管理目标具有相对稳定性。随着宏观经济体制和企业经营方式的变化，以及人们认识的发展和深化，财务管理目标也可能发生变化。但是宏观经济体制和企业经营方式的变化是渐进的，只有发展到一定阶段以后才会产生质变；人们的认识在达到一个新的高度以后，也需要有一个达成共识、为人所普遍接受的过程。因此，财务管理目标作为人们对客观规律性的一种概括，总的来说是相对稳定的。

（2）财务管理目标具有可操作性。财务管理目标是实行财务管理的前提，它要能够起到组织动员的作用。企业要能够根据财务管理目标制定经济指标并进行分解，实现职工的自我控制，进行科学的绩效考评。这样，财务管理目标就必须具有可操作性。具体来说，就是要可以计量、可以追溯、可以控制。

（3）财务管理目标具有层次性。财务管理目标是确保企业财务管理系统能够顺利运行的前提条件，同时它本身也是一个系统。各种各样的理财目标构成了一个网络，这个网络反映着各个目标之间的内在联系。财务管理目标的层次性，是由企业财务管理内容和方法的多样性以及它们相互关系上的层次性决定的。

由于企业所处的宏观经济环境不同、企业管理目标的衡量标准不同、企业管理的价值取向不同，企业财务管理目标也表现出了不同的内容。

2．企业财务管理目标的类型

企业财务管理目标有如下几种类型。

（1）利润最大化。利润最大化就是假定企业财务管理以实现利润最大化为目标。企业以利润最大化为财务管理目标，其主要原因有三：一是人类从事生产经营活动的目的是创造更多的剩余产品，在市场经济条件下，剩余产品的多少可以用利润这个指标来衡量；二是在自由竞争的资本市场中，资本的使用权最终属于获利最多的企业；三是只有每个企业都最大限度地创造利润，整个社会的财富才可能实现最大化，从而带来社会的进步和发展。

（2）股东财富最大化。股东财富最大化是指企业财务管理以实现股东财富最大化为目标。在上市公司中，股东财富是由其所拥有的股票数量和股票市场价格两方面决定的。在股票数量一定时，股票价格越高，股东财富就越大。

（3）企业价值最大化。企业价值最大化目标是指企业的财务管理以企业价值最大化为目标。企业价值是指企业全部资产的市场价值，即企业资产所能创造的预计未来现金流量的价值。该目标反映了企业潜在的或预期的获利能力和成长能力。

（4）相关者利益最大化。在现代企业是多边契约关系的总和的前提下，要能实现企业的财务管理目标，首先就要考虑哪些利益关系会对企业发展产生影响。在市场经济中，企业的理财主体更加细化和多元化。股东作为企业所有者，在企业中承担着最大的权利、义务、风险和报酬，但是债权人、员工、企业经营者、客户、供应商和政府也为企业承担着风险。

综上所述，企业的利益相关者不仅包括股东，而且包括债权人、企业经营者、客户、供应商、员工、政府等。因此，在确定企业财务管理目标时，不能忽视这些相关群体的利益。

3．企业财务管理目标的协调

决定和影响企业财务管理目标的利益集团，包括企业投资者、受益者和承担企业风险者。企业必须协调这几个方面的利益，才能实现“股东财富最大化”目标。企业财务活动所涉及的不同利益主体之间的矛盾如何协调，是实现企业财务管理目标过程中必须解决的问题。

（1）所有者与经营者的矛盾与协调。“股东财富最大化”符合所有者的利益，但不一定符合经营者的利益。经营者往往希望企业能够给他们增加报酬，包括物质和非物质的报酬，如薪资、名誉和社会地位等；希望增加闲暇时间，降低劳动强度等。经营者所得到的利益正是股东所失去的，所以经营者与股东的目标并不一致。经营者有可能为了自身的利益而背离股东的目标。

（2）所有者与债权人的矛盾与协调。当企业向债权人借入资金后，两者之间也形成了一种委托代理关系。所有者的财务目标与债权人期望实现的目标不完全一致。首先，所有者可能未经债权人同意，要求经营者投资比债权人预计风险更高的项目，这会使偿债风险加大。若高风险的项目成功，额外利润就会被所有者独享；但若失败，债权人却要与所有者共同承担由此造成的损失。这对债权人来说，风险与收益是不对称的。其次，所有者可能在未征得原债权人同意的情况下，增加新的债务，这将使原债权人如期收回本金和利息的风险加大，损害原债权人的利益。

（3）所有者与社会公众的矛盾与协调。企业总是存在于一定的社会关系中，除了前面讲述的所有者与经营者、所有者与债权人之间的财务关系外，企业必然会与其他利益相关方（如职工、供应商、客户、政府、周边社区、竞争对手等）发生各种各样的联系，并可能产生各种利益冲突，即存在企业是否需要承担社会责任，以及如何承担社会责任的问题。企业的股东财富最大化目标与企业所要承担的社会责任有一致的一面，如为使股东财富最大化，企业必须生产出更多符合社会需要的产品或提供更高质量的服务，这会使消费者（客户）从中受益，也有利于供应商扩大原材料销量，可以促进企业提升职工技能和福利待遇，政府也可以减轻就业压力、增加税收，企业也可以有更多的资金治理污染、改善社区环境等。社会责任与企业的股东财富最大化目标又存在不一致的一面，如企业为了获利，生产假冒伪劣产品、欺瞒消费者，不顾职工的健康增加劳动强度、忽视劳动环境，为了节省成本而污染周边环境、偷税漏税、骗取供应商的资金等。当企业存在这些行为时，社会利益将因此受到损害。

为了解决企业与社会公众之间的矛盾，政府制定颁布了一系列的法律法规，如表 1-1，以此来调节企业与社会公众的利益冲突。然而，法律法规具有滞后性，也不可能解决所有的问题。特别是在法律不健全的情况下，企业可能披着合法的外衣从事非法的勾当。因此，还需要建立一套完善的社会舆论监督机制，以伦理道德来规范企业的行为，进一步协调企业与社会公众之间的关系，以创造一种企业与社会“双赢”的局面。

表 1-1　政府颁布的相关法规

法律法规名称	简称	颁布时间	目的与作用	最新修订时间
《中华人民共和国合同法》	《合同法》	1999 年 3 月 15 日	调整合同关系，保护当事人的合法权益	2020 年 5 月 28 日
《中华人民共和国消费者权益保护法》	《消费者权益保护法》	1993 年 10 月 31 日	保护消费者合法权益，维护社会经济秩序	2013 年 10 月 25 日
《中华人民共和国公司法》	《公司法》	1993 年 12 月 29 日	规范公司行为，保障公司合法权益	2018 年 10 月 26 日
《中华人民共和国劳动法》	《劳动法》	1994 年 7 月 5 日	调整劳动关系，保护劳动者权益	2018 年 12 月 29 日
《中华人民共和国环境保护法》	《环境保护法》	1989 年 12 月 26 日	保护环境，维护生态平衡	2014 年 4 月 24 日
《中华人民共和国反不正当竞争法》	《反不正当竞争法》	1993 年 9 月 2 日	打击不正当竞争行为，维护市场秩序	2017 年 11 月 4 日
《中华人民共和国企业所得税法》	《企业所得税法》	2007 年 3 月 16 日	调整企业所得税政策，促进经济发展	2018 年 12 月 29 日

（三）企业财务管理的原则

财务管理的原则是指企业在进行财务管理工作的过程中必须遵循的准则。它是从企业理财实践中抽象出来的并在实践中证明是正确的行为规范，反映着理财活动的内在要求。企业财务管理的原则一般包括如下内容。

1. 货币时间价值原则

货币时间价值是客观存在的经济范畴，是指货币在经历一段时间的投资和再投资后所增加的价值。从经济学的角度看，即使在没有风险和通货膨胀的情况下，一定数量的货币资金在不同时点上也具有不同的价值。因此，在数量上货币的时间价值相当于没有风险和通货膨胀条件下的社会平均资本利润率。长期投资决策中的净现值法、现值指数法和内含报酬率法，都要运用到货币时间价值原则。筹资决策中比较各种筹资方案的资本成本，分配决策中分配方案的制定和股利政策的选择，运营管理中应付账款的管理、存货的管理、应收账款的管理等，都充分体现了货币时间价值原则在财务管理中的具体运用。

2．资金合理配置原则

拥有一定数量的资金，是企业进行生产经营活动的必要条件。但任何企业的资金总是有限的。资金合理配置是指企业在组织和使用资金的过程中，应当使各种资金保持合理的结构和比例关系，保证企业生产经营活动的正常进行，使资金得到充分有效的运用，并从整体上（不一定是每一个局部）取得最大的经济效益。

在企业的财务管理活动中，资金的配置从筹资的角度看，表现为资本结构，具体表现为负债资金和所有者权益资金的构成比例、长期负债和流动负债的构成比例，以及内部各具体项目的构成比例。企业不但要从数量上筹集保证其正常生产经营所需的资金，而且必须使这些资金保持合理的结构比例关系。从投资或资金的使用角度看，企业的资金表现为各种形态的资产，各形态资产之间应当保持合理的结构比例关系，包括对内投资和对外投资的构成比例。对内投资中，涉及流动资产投资和固定资产投资的构成比例、有形资产和无形资产的构成比例、货币资产和非货币资产的构成比例等；对外投资中，涉及债权投资和股权投资的构成比例、长期投资和短期投资的构成比例等。上述这些资金构成比例的确定，都应遵循资金合理配置原则。

3．成本—效益原则

成本—效益原则就是要对企业生产经营活动中的所费与所得进行分析比较，将花费的成本与所取得的效益进行对比，使效益大于成本，产生“净增效益”。成本—效益原则贯穿于企业的全部财务活动中。企业在筹资决策中，应将所发生的资本成本与所取得的投资利润率进行比较；在投资决策中，应将与投资项目相关的现金流出与现金流入进行比较；在生产经营活动中，应将所发生的生产经营成本与所取得的经营收入进行比较；在不同备选方案之间进行选择时，应将所放弃的备选方案预期产生的潜在收益视为所采纳方案的机会成本与所取得的收益进行比较。在具体运用成本—效益原则时，应避免“沉没成本”对我们决策的干扰，“沉没成本”是指已经发生、不会被以后的决策改变的成本。我们在作各种财务决策时，应将其排除在外。

4．风险一报酬均衡原则

在市场经济的激烈竞争中不可避免地要遇到风险。企业要想获得收益，就不能回避风险。风险—报酬均衡原则是指决策者在进行财务决策时，必须对风险和报酬作出科学的权衡，使所冒的风险与所取得的报酬相匹配，达到趋利避害的目的。在筹资决策中，负债资本成本低，财务风险大；权益资本成本高，财务风险小。企业在确定资本结构时，应在资本成本与财务风险之间进行权衡。任何投资项目都有一定的风险，在进行投资决策时必须认真分析影响投资决策的各种可能因素，科学地进行投资项目的可行性分析，在考虑投资报酬的同时考虑投资的风险。在具体进行风险与报酬的权衡时，由于不同的财务决策者对风险的态度不同，有的人偏好高风险、高报酬，有的人偏好低风险、低报酬，但每一个人都会要求风险和报酬相对等，不会去冒没有价值的风险。

5．收支积极平衡原则

财务管理实际上就是指对企业资金的管理，量入为出、收支平衡是对企业财务管理工作的基本要求。资金不足会影响企业的正常生产经营，使企业坐失良机，严重时，会影响企业的生存；资金多余会造成闲置和浪费，给企业带来损失。收支积极平衡原则要求企业一方面要积极增加收入，确保生产经营和对内、对外投资对资金的正常合理需要；另一方面，要节约成本费用，压缩不合理开支，避免盲目决策。保持企业一定时期资金总供给和总需求动态平衡和每一时间点资金供需的静态平衡。要做到企业资金收支平衡，就要采取一系列措施。在企业内部，要增收节支，缩短生产经营周期，生产适销对路的优质产品，扩大销售收入，合理调度资金，提高资金利用率；在企业外部，要保持同资本市场的密切联系，加强企业的筹资能力。

6．利益关系协调原则

企业是由各利益方组成的经济联合体。这些利益方主要包括企业的所有者、经营者、债权人、债务人、国家税务机关、消费者、企业内部各部门和职工等。利益关系协调原则要求企业协调、处理好与各利益方的关系，切实维护各方的合法权益，将按劳分配、按资分配、按知识和技能分配、按绩分配等多种分配要素有机结合起来。只有这样，企业才能营造一个内外和谐、协调的发展环境，充分调动各有关利益方的积极性，最终实现企业价值最大化的财务管理目标。

（四）企业财务管理的环节

财务管理环节是企业财务管理的基本工作步骤与一般工作程序。一般而言，企业财务管理包括以下几个环节。

1．预测、计划与预算

（1）财务预测。财务预测是指根据企业财务活动的历史资料，考虑现实的要求和条件，对企业未来的财务活动做出较为具体的预计和测算的过程。财务预测可以测算各项生产经营方案的经济效益，为决策提供可靠的依据；可以预测财务收支的发展变化情况，以确定经营目标；可以测算各项定额和标准，为编制计划、分解计划指标服务。

财务预测的方法主要有定性预测和定量预测两种。定性预测法主要是指利用直观材料，依靠个人的主观判断和综合分析能力，对事物未来的状况和趋势做出预测的一种方法；定量预测法主要是指根据变量之间存在的数量关系建立数学模型来进行预测的方法。

（2）财务计划。财务计划是指根据企业整体战略目标和规划，结合财务预测的结果，对财务活动进行规划，并以指标形式落实到每一计划期间的过程。财务计划主要通过指标和表格，以货币形式反映在一定的计划期内企业生产经营活动所需要的资金及其来源、财务收入和支出、财务成果及其分配的情况。确定财务计划指标的方法一般有平衡法、因素法、比例法和定额法等。

（3）财务预算。财务预算是根据财务战略、财务计划和各种预测信息，确定预算期内各种预算指标的过程。它是财务战略的具体化，是财务计划的分解和落实。

财务预算的方法通常包括固定预算与弹性预算、增量预算与零基预算、定期预算和滚动预算等。

2．决策与控制

（1）财务决策。财务决策是指按照财务战略目标的总体要求，利用专门的方法对各种备选方案进行比较和分析，从中选出最佳方案的过程。财务决策是财务管理的核心。决策的成功与否直接关系到企业的兴衰成败。

财务决策的方法主要有两种。一类是经验判断法，是根据决策者的经验来判断选择。常用的方法有淘汰法、排队法、归类法等。另一类是定量分析方法。常用的方法有优选对比法、数学微分法、线性规划法、概率决策法等。

（2）财务控制。财务控制是指利用有关信息和特定手段，对企业的财务活动施加影响或调节，以便实现计划所规定的财务目标的过程。

财务控制的方法通常有前馈控制、过程控制、反馈控制几种。

3．分析与考核

（1）财务分析。财务分析是指根据企业财务报表等信息资料，采用专门的方法系统分析和评价企业的财务状况、经营成果以及未来趋势的过程。财务分析的方法通常有比较分析法、法比率分析、综合分析法等。

（2）财务考核。财务考核是指将报告期实际完成数量与规定的考核指标进行对比，确定有关责任单位和个人完成任务情况的过程。财务考核与奖惩紧密联系，是贯彻责任制原则的要求，也是构建激励与约束机制的关键环节。

（五）企业财务管理的体制

企业财务管理体制是明确企业各财务层级的财务权限、责任和利益的制度，其核心问题是如何配置财务管理权限。企业财务管理体制决定着企业财务管理的运行机制和实施模式。

1．企业财务管理体制的一般模式

企业财务管理体制，可分为以下三种类型。

（1）集权型财务管理体制。集权型财务管理体制是指企业对各所属单位的所有财务管理决策都进行集中统一管理，各所属单位没有财务决策权，企业总部财务部门不仅参与制定决策，在特定情况下还直接参与各所属单位的决策执行过程。

（2）分权型财务管理体制。分权型财务管理体制是指企业将财务决策权与管理权完全下放到各所属单位，各所属单位只需对一些决策结果报请企业总部备案即可。

（3）集权与分权相结合型财务管理体制。集权与分权相结合型财务管理体制的实质就是集权下的分权，企业对各所属单位在所有重大问题

的决策与处理上实行高度集权，各所属单位则对日常经营活动具有较大的自主权。集权与分权相结合型财务管理体制以企业发展战略和经营目标为核心，将企业内重大决策权集中于企业总部，而赋予各所属单位自主经营权。

2．集权与分权的选择

企业的财务特征决定了分权的必然性，而企业的规模效益，风险防范又要求集权。集权和分权各有特点，各有利弊。对集权与分权的选择、分权程度的把握历来是企业管理的一个难点。

从聚合资源优势、贯彻实施企业发展战略和经营目标的角度来看，集权型财务管理体制显然是最具保障力的，但是企业意欲采用集权型财务管理体制，除了企业管理高层必须具备较高的素质能力外，在企业内部还必须有一个能及时、准确地传递信息的网络系统，并通过对信息传递过程的严格控制以保障信息的质量。如果这些要求能够满足的话，集权型财务管理体制的优势便有了充分发挥的可能性。与此同时，信息传递及过程控制有关的成本问题也会随之产生。此外，随着集权程度的提高，集权型财务管理体制的复合优势可能会不断强化，但各所属单位或组织机构的积极性、创造性与应变能力却可能在不断削弱。

分权型财务管理体制实质上是把决策管理权在不同程度上下放到比较接近信息源的各所属单位或组织机构，这样便可以在相当程度上缩短信息传递的时间，减少信息传递过程中的控制问题，从而使信息传递与过程控制等的相关成本得以节约，并能大大提高信息的决策价值与利用效率。但随着权力的分散，就会产生企业管理目标换位问题。这是采用分权型财务管理体制通常无法完全避免的一种成本或代价。

集权型或分权型财务管理体制的选择本质上体现着企业的管理决策，是企业基于环境约束与发展战略考虑顺势而定的权变性策略。

依托环境预期与战略发展规划，要求企业总部必须根据企业的不同类型、发展的不同阶段以及不同阶段的战略目标取向等因素，对不同财务管理体制及其权力的层次结构作出相应的选择与安排。

财务决策权的集中与分散没有固定的模式，同时选择的模式也不是一成不变的。财务管理体制的集权与分权，需要考虑企业与各所属单位之间的资本关系和业务关系的具体特征，以及集权与分权的“成本”和“利益”。作为实体的企业，各所属单位之间往往具有某种业务上的联系，特别是那些实施纵向一体化战略的企业，要求各所属单位保持密切的业务联系。各所属单位之间业务联系越密切，就越有必要采用相对集中的财务管理体制。如果说各所属单位之间业务联系的必要程度是企业有无必要实施相对集中的财务管理体制的一个基本因素，那么，企业与各所属单位之间的资本关系特征则是企业能否采取相对集中的财务管理体制的一个基本条件。只有当企业掌握了各所属单位一定比例有表决权的股份（如 50%以上）之后，企业才有可能指派较多的董事去有效地影响各所属单位的财务决策，也只有这样，各所属单位的财务决策才有可能相对“集中”于企业总部。

事实上，考虑财务管理体制的集中与分散，除了受制于以上两点外，还取决于集中与分散的“成本”和“利益”差异。集中的“成本”主要是指各所属单位积极性的损失和财务决策效率的下降，分散的“成本”主要是指可能发生的各所属单位的财务决策目标及财务行为与企业整体财务目标的背离以及财务资源利用效率的下降。集中的“利益”主要是指容易使企业财务目标协调和提高财务资源的利用效率，分散的“利益”主要是指提高财务决策效率和调动各所属单位的积极性。

此外，集权和分权应该考虑的因素还包括环境、规模和管理者的管理水平。由管理者的素质、管理方法和管理手段等因素所决定的企业及各所属单位的管理水平，对财权的集中和分散也具有重要影响。较高的管理水平，有助于企业更多地集中财权，否则，财权过于集中只会导致决策效率的降低。

3. 企业财务管理的环境

财务管理环境又称理财环境，是对影响企业财务活动和财务管理的企业内外部各种条件的统称。明确理财环境，有助于企业正确制定理财策略。

（1）财务管理的外部环境。财务管理的外部环境是企业财务决策难以改变的，企业财务决策更多的是适应外部环境的要求和变化。财务管理环境涉及的范围很广，在此主要介绍经济环境、法律环境和金融环境三种。

1）经济环境。影响财务管理的经济环境的内容十分广泛，主要包括经济体制、经济周期、经济发展水平、宏观经济政策和通货膨胀等。

2）法律环境。财务管理的法律环境是指企业和外部发生经济关系时所应遵守的各种法律、法规和规章。市场经济是一种法治经济，企业的一切经济活动总是在一定的法律法规范围内进行的。一方面，法律规定了企业从事一切经济业务所必须遵守的规范，从而对企业的经济行为进行约束；另一方面，法律为企业合法从事各项经济活动提供了保护。

3）金融环境。企业总是需要资金从事投资和经营活动，除了企业的自有资金外，主要从金融机构和金融市场获得。金融政策的变化必然与企业的筹资、投资和资金营运活动有关，所以，金融环境是企业最为主要的环境因素之一。影响财务管理的主要金融环境因素有金融机构、金融工具、金融市场和利率。

（2）财务管理的内部环境。

1）基本因素。基本因素是指现代企业的法人治理结构、经营战略、经营目标与经营决策、长远规划等。

2）组织结构。现代企业的组织结构是按照一定目的和程序组成的一种权责结构。现代企业能否有效地运行，很大程度上取决于该企业的组织结构是否合理。现代企业内外部环境的变化要求企业对组织结构设置也要进行相应的调整，以适应环境变化。

3）企业文化。企业文化是指企业职工在长期生产经营和管理活动中创造出来的文化形态。这种文化建立起来后，会成为塑造内部员工行为和关系的规范，是企业内部所有人共同遵循的价值观，对维系企业成员的统一性和凝聚力具有很大的作用。

4）技术环境。财务管理的技术环境是指财务管理得以实现的技术手段和技术条件，它决定着财务管理的效率和效果。

技术对企业经营的影响是多方面的。企业的技术进步将使社会对企业的产品或服务的需求发生变化，从而给企业提供有利的发展机会。然而，对于企业经营战略设计的另一个重要问题是，一项新技术的发明或应用可能又意味着“破坏”。因为一种新技术的发明和应用会带动一批新行业的兴起，从而损害甚至破坏另外一些行业。例如，静电印刷的发展，使复印行业得到发展，从而使复写纸行业变得衰落。在信息化的大潮下，各大财务机构纷纷加快研发和推出财务机器人。目前，财务机器人能够高效、准确地开展会计核算工作，对基础会计人员岗位需求造成了冲击。但它不能满足企业财务预测、分析、决策等拓展需求。

5）财务管理体制。财务管理体制是企事业单位财务管理内部环境的主导因素。财务管理体制的核心在于财务控制权的集中与下放，形成集权式财务管理体制和分权式财务管理体制。

6）企业内部财务管理制度。企业内部财务管理制度是企业财务管理工作的内部法规，是依据《企业财务通则》和国家分行业财务制度，结合企业自身特点和管理要求制定的。

三、企业财务管理的演化过程

企业财务管理是伴随着经济社会的变迁而发展起来的。在过去漫长的一段岁月里，财务管理都只停留在基础的记账、算账、报账活动中。经过社会的变迁，资本主义开始萌芽，形成了新的经济形势，相对应的管理手段也发展起来了。企业财务管理大约在 15 世纪末 16 世纪初萌芽并慢慢发展起来。当时正处于资本主义萌芽时期，地中海沿岸慢慢地出现了一些商业组织，并且在一段时间内发展成许许多多的大小不一的商业组织，管理者既有商人、平民，也有王公、大臣等，他们的投资热情非常高。在这段比较长的时期里，商业组织整体对外资和扩张的规模有限，需要的资本很少，基本上是投资者本人的投入和商业组织的积累，整体的筹资渠道较窄，筹资方式单一。筹集资本主要是为商业组织的经营提供服务，没有形成独立的财务管理职能。直到 19 世纪末 20 世纪初，工业革命出现后，这种单一的筹资方式和筹资渠道才发生根本的变化，对资本的需求大量增加，进入了以筹资为主要职能的财务管理活动。

（一）筹资财务管理时期

19 世纪末 20 世纪初，第二次工业革命的成功使人类迈进了电气时代，并且在信息方面、资讯方面也得到了很大的突破，原来简单落后的传统生产经营模式已经不适应新时期的需要。企业为了获取更多的经济利益，不断地引入新的生产经营模式，不断地吸收新的商业组织。这个时期，股东数量比较多的股份制公司得到了实质性的突破，很快成为占主导地位的商业组织。股份制公司的大量出现和发展需要数额庞大的资金，依靠原先单一狭窄的筹资渠道、筹资方式已经满足不了股份制公司的需求。因此，怎样筹集到数额庞大的资金，已经成为大多数股份制公司关注的焦点。许多股份制公司纷纷成立财务管理部门，专门负责筹集企业所需要的资本。当时企业财务管理的职能主要是预测资金需要量和筹措资金，筹资是这个时期企业财务管理的主要任务。因此，这个时期称为筹资财务管理时期。

（二）法规财务管理时期

享受第二次工业革命带来的成果，股份制公司得到了飞跃式的发展。在几十年的发展过程中，有些公司为了掩饰公司惨淡的经营业绩或者糟糕的财务状况，采用非法的手段粉饰财务报表，欺骗投资者、债权人等。慢慢地，这种粉饰财务报表、提供虚假信息的公司越来越多，干扰了正常的市场经济秩序，影响了投资人的利益。

直到 1929 年爆发了全球性金融危机，使得整个 20 世纪 30 年代的西方经济都不景气，造成非常多的企业亏损、破产，广大投资者也血本无归、损失惨重。为了保护广大投资者的合法权益，西方各国政府加强了证券市场的法制管理，先后出台了相应的法律法规来规范市场管理，如美国 1933 年和 1934 年出台了《联邦证券法》和《证券交易法》，对公司证券融资做出了非常严格的法律规定。这个时期企业财务管理的重点是建设法律法规及企业内部管理体制，主要成果有：美国学者洛弗（W.H. Lough）的《企业财务》首先提出了企业财务除筹措资本外，还要对资本周转进行有效的管理；英国学者罗斯（T.G.Rose）的《企业内部财务论》特别强调企业内部财务管理的重要性，认为资本的有效运用是财务研究的重心。20 世纪 30 年代后，财务管理的重点开始从扩张性的外部融资向防御性的内部资金控制转移，各种财务目标和预算的确定、债务重组、资产评估、保持偿债能力等问题开始成为这一时期财务管理研究的重要内容。

（三）资产财务管理时期

随着经济环境的变化，市场竞争越来越激烈。进入 20 世纪 50 年代，这种激烈的市场竞争和买方市场的趋势越来越明显。企业管理层普遍认识到，单纯靠扩大融资规模、增加产品产量已无法适应新的形势发展需要，财务管理的主要任务应是解决资金利用的效率问题，企业内部的财务决策上升为最重要的问题，资金的时间价值引起企业管理层的普遍关注，以固定资产投资决策为研究对象的资本预算方法日益成熟，财务管理的重心由重视外部融资转向注重资金在企业内部的合理配置，使企业财务管理发生了质的飞跃。这个时期资产管理成为财务管理的核心，形成了以研究财务决策为主要内容的“新财务论”，将财务管理理论向前推进了一大步。因此，称这一时期为资产财务管理时期。

（四）投资财务管理时期

20 世纪 60 年代中期，随着外部环境的不断变化，自然科学成果、社会科学成果的应用，财务管理的重点转移到投资问题上。这个时期，财务管理发展成为由财务预测、财务决策、财务计划、财务控制和财务分析构成的，以筹资管理、投资管理、营运资金管理和利润分配管理为主要内容的管理活动，在企业管理中处于核心地位。1972 年，法玛（Fama）和米勒（Miller）出版了《财务管理》。这部集西方财务管理理论之大成的著作，标志着西方财务管理理论已经发展成熟。因此，称这一时期为投资财务管理时期。

从 20 世纪 80 年代开始，在科技的推动下，企业财务管理进入深化发展的新时期，并朝着国际化、精确化、电算化、网络化方向发展。

第二节　企业财务管理的价值探讨

财务管理过程就是优化企业价值创造的过程。通过财务决策来实现企业价值最大化目标是现代企业财务管理的核心。具体来讲，财务管理通过以下活动来提升企业价值：第一，创造企业价值的活动，主要是指投资活动、筹资活动、盈余管理活动、成本管理活动、税收筹划等；第二，管理企业价值的活动，主要包括全面预算管理、绩效管理、薪酬管理、风险管理、财务流程优化、营运资本管理等；第三，保护企业价值的活动，主要包括会计信息管理、会计制度建设、组织管理、财务管理信息系统建设等。

一、以现金流为核心开展全面预算管理

预算管理作为财务管理的基本职能之一，其重要性不言而喻。在价值管理的背景下，财务管理工作需要更加注重现金流的核心地位。如果预算管理不能充分考虑和综合反映现金流的变化情况，那么企业价值评估将失去依据，难以准确评估企业的真实价值。此外，如果预算管理无法有效控制现金流，可能导致全面预算管理的失控，给企业的正常运营带来严重风险。现金流是企业正常生产经营的血液，它直接关系到企业的生存和发展。判断一项活动是否创造了价值，应该从其是否创造了现金流量来衡量，而

不是仅仅关注利润。只有当一项活动能够带来稳定的现金流时，才能说明它真正创造了价值。因此，在财务管理工作中，需要更加注重对现金流的监控和管理，确保企业的现金流能够支持其持续经营和发展。预算管理在财务管理中具有举足轻重的地位。要实现有效的预算管理，需要充分考虑现金流的变化情况，以现金流为核心来开展财务管理工作。只有这样，才能保证企业价值评估的准确性和全面预算管理的有效性，为企业创造更大的价值提供有力支持。

二、构筑企业价值导向的业绩评价模式

为了使财务管理更好地为企业的价值目标和长远战略目标服务，企业需要构建一套具有操作性和挑战性的绩效评估系统。这一系统应当能够涵盖企业的各项运营活动，为管理层提供清晰、准确的业绩反馈，以便于他们作出更加明智的决策。在价值管理的背景下，公司追求的是价值的持续增加。因此，对绩效的评价和衡量应当紧紧围绕价值增值这一核心。具体而言，公司应当关注每一项作业的成本和收益，并扣除成本之后的累加值。只有这样，企业才能准确评估各项作业对价值增加的贡献，从而更好地调配资源、优化流程。现代财务管理越来越注重资本回报率这一关键指标。这意味着企业需要更加关注投资的有效性，以及资本的回收速度。经济增加值（EVA）作为一种新兴的评价方法，近年来得到了广泛应用。它通过扣减资本成本后的净收益来衡量公司的价值增值情况，为管理层提供了更加全面、准确的业绩反馈。构建一套具有操作性和挑战性的绩效评估系统是现代企业管理的核心任务之一。通过关注资本回报率、应用经济增加值等指标，企业可以更好地评估各项作业的价值贡献，优化资源配置，从而实现价值目标和长远战略目标的有效结合。

三、强化资本分配管理

财务管理的工作职责使其在资本分配管理中发挥了核心作用。资本分配主要解决的是企业投资的方向和投资金额的问题，这直接关系到企业的战略发展方向和经营重点。同时，资本分配也体现了企业生产经营主业的变化和价值追求形式的转变，是实现企业价值管理的重要手段。

资本分配是实现正现金流的盈利的前提条件，这意味着企业只有在

合理分配资本的基础上，才能实现现金流的稳定增长，进而驱动公司价值的持续增长。扩大再生产需要增加资本投入以实现扩大生产经营规模和提升生产能力的目的，而资本支出是扩大企业规模、节约企业成本和技术更新的主要方式。因此，企业价值管理需要以资本支出管理为切入点，并视其为公司价值增值活动的主要源泉和力量。在资本投资过程中，必然会讲求价值回报，以提高企业价值。这意味着财务管理不仅要负责资本的分配和管理，还要在投资过程中进行全面的风险评估和收益预测，以确保投资的合理性和有效性。同时，财务管理还需要与业务部门密切合作，了解业务需求和市场变化，以提供更加精准的资本分配方案和投资策略。综上所述，财务管理在资本分配管理中发挥着至关重要的作用。通过合理分配资本、优化投资方向和金额、管理现金流等手段，财务管理为企业提供了持续、稳定的资金支持，推动了企业的价值增长和长远发展。

四、优化资本结构管理

资本结构是指公司长期债务和股权资本之间的比例关系，反映了公司生产经营资金来源的构成和质量。合理安排资本结构可以降低企业的资本成本，提高资本回报率，从而创造更多的企业价值。

资本回报率是指公司利用资产进行投资所获得的净收益与投资额的比率，是衡量公司盈利能力的重要指标。提高资本回报率可以通过优化投资项目、提高管理水平、降低成本等方式实现。

资本成本是指公司为筹集和使用资金而付出的代价，包括筹资费用和用资费用。降低资本成本可以通过选择合适的融资渠道、合理安排债务和股权的比例、降低资金占用等方式实现。

财务杠杆是指公司利用债务筹资所带来的财务效应，包括债务利息和优先股股息等。合理运用财务杠杆可以在一定程度上提高公司的盈利能力，但同时也增加了公司的财务风险。因此，公司在安排债务和股权比例时需要综合考虑财务杠杆的作用和风险控制。

优化资本结构是提高企业价值的重要途径之一。通过合理安排资本结构，降低资本成本和提高资本回报率，同时合理运用财务杠杆，公司可以实现价值最大化的目标。但是，在优化资本结构的过程中需要注意风险控制，避免过度负债导致财务风险增加。

五、做好现金流动性管理

在公司价值管理中，现金流动性是至关重要的因素。现金流动性直接关系到公司的运营绩效和盈利能力。一般来说，现金周转周期越短，意味着公司资金回笼速度越快，资产变现能力越强，公司运营绩效也就越高。为了提升公司的价值，积极地进行流动性管理是必要的。流动性管理涉及对公司现金流的预测、分析和控制。通过合理地预估现金结余和需要量，公司可以更好地规划和控制现金流，确保资金的安全和稳定。同时，做好营运资金需求分析，合理控制资金安全量和资金危机量，有助于公司应对突发事件和风险，避免资金链断裂和财务危机。

在流动性管理中，公司还需要关注与供应商、客户等合作伙伴之间的合作关系，建立良好的信用机制，降低交易成本和风险。同时，通过合理安排短期投资和储备一定量的现金或现金等价物，公司可以更好地应对市场变化和不确定性因素，保持稳健的运营和发展。

流动性管理是公司价值管理中的重要环节。通过积极地进行流动性管理，公司可以更好地掌控现金流，提高运营绩效和盈利能力，为公司的长远发展和价值创造奠定坚实基础。

六、重视风险管理

在经济一体化的时代背景下，企业的生产经营面临着越来越多的风险，这些风险往往与价值创造紧密相连。随着市场竞争的加剧和商业环境的日益复杂化，风险与公司价值之间的关系变得越来越密切。在公司的价值创造过程中，风险往往导致实际结果与预计目标之间的差异。这种差异不仅表现为损益值和盈利额的差距，还表现为实现方法上的差异。即使公司实现了预计目标，但实现路径的不同也可能导致风险。因此，企业需要注重对生产经营每个环节的控制，强化风险意识，构建动态风险预警机制，将预计目标和实际行为结果之间的差距缩短到最小，及时发现并消除潜在的生产经营隐患。为了有效地控制风险，企业需要建立完善的风险管理体系。这个体系应该包括风险评估、风险预警、风险应对和风险监控等方面。

通过对风险的全面评估，企业可以了解自身的风险承受能力和风险分布情况，进而制定相应的预警机制和应对措施。同时，企业还需要加强对风险的实时监控，及时发现并解决潜在的风险隐患。在生产经营过程中，企业还需要注重对员工风险意识的培训和教育，提高员工对风险的敏感度和应对能力。只有让员工充分认识到风险的重要性并掌握应对风险的方法，才能真正有效地控制风险并创造更大的价值。总之，在经济一体化的时代背景下，企业需要加强对风险的重视和控制。通过建立完善的风险管理体系、注重员工风险意识培训和教育以及构建动态风险预警机制等措施，企业可以有效地控制风险并创造更大的价值。

七、强化资本市场价格管理

企业上市后，其价值通过市值表现出来。市值是指公司发行股票的总价值，由公司总股本数量和股票市价的乘积求得。作为上市公司，企业不仅要面对产品市场和资本市场的双重压力，还需要对市场价值进行有效的管理。市值管理是在市场价值相关信号的基础上进行的，它通过优化公司的经营方法和经营手段，实现科学化和合理化的管理手段，最终达到公司价值创造的最大化，实现战略管理的终极目标。市值管理是公司价值最大化的另一种体现，它以价值管理为基础，是实现上市公司持续、稳定和健康发展的基础。市值管理不仅关注公司的市场价值，还注重公司的内在价值和成长价值。通过市值管理，企业可以更好地了解市场情况和投资者预期，从而做出更加科学和明智的决策。此外，市值管理还有助于提高公司的知名度和声誉，吸引更多的投资者和合作伙伴，进一步促进公司的长期发展。市值管理是上市公司的一项重要任务，它以市场价值为导向，通过优化经营方法和经营手段，实现公司价值的最大化。市值管理不仅关注公司的市场价值，还注重公司的内在价值和成长价值，是实现上市公司持续、稳定和健康发展的基础。

第三节 企业财务管理的发展趋势

随着全球化和数字化的推动，经济发展日新月异，市场竞争也日趋激烈。在这样的背景下，企业对财务管理的需求也在不断提高。为了满足这些需求，财务行业将更加注重精细化管理，为客户提供个性化、定制化的服务。

财务行业的竞争格局正在发生变化。新的技术和服务提供商不断涌现，为企业提供更加全面、灵活和高效的财务管理解决方案。为了在激烈的竞争中脱颖而出，企业需要密切关注市场动态，不断学习和适应新的技术和业务模式，提高服务质量和效率。

未来，财务行业的发展前景将受到多方面的影响。其中，行业内部竞争和创新将是两个重要的因素。随着市场竞争的加剧，企业需要不断创新和改进财务管理模式，以提供更加优质、高效的服务。同时，市场需求也将是影响财务行业发展的重要因素。随着经济的发展和市场竞争的加剧，企业对于财务管理的要求将越来越高，对财务服务的个性化需求也将越来越强烈。

财务行业将面临更加严峻的挑战和很大的机遇。为了保持竞争力，企业需要注重精细化管理，提供个性化、定制化的服务，并不断适应市场的变化和需求。同时，也需要加强创新和合作，提高服务质量和效率，以实现可持续发展。

一、自动化

根据麦肯锡全球研究院的研究，42%的财务活动通过成熟的技术可以实现全自动化，还有19%可以实现近全自动化。信息技术正在使这一切成为可能。

财务人员最为熟悉的自动化场景应该就是各个 ERP 模块的集成，比如销售和采购的业务数据，能够自动同步到财务管理模块，进行归集。

除此之外，不少企业的财务自动化已经有了进一步的提升。比如，通过扫描的方式代替传统的发票审核和系统录入，通过商旅系统与费用控制系统的对接来实现差旅费的一体化报销。当员工提交出差申请，业务领导可以在线进行审批，然后员工就可以在商旅系统当中预订机票和酒店，生成订单自动同步到费用控制系统，员工报销时只需要勾选相应的订单，不用再进行贴票操作。公司会定期与航空公司和协议酒店进行对账，统一开发票进行结算，并且结算的信息会自动同步到费用控制系统。这不仅可以节省发票审核人员的大量时间，还可以对差旅费做到事中的控制和事前的预测，从而大大提高财务工作的效率。

二、智能化

人工智能已经不知不觉进入了我们的生活。伦敦证券交易所的 Willcock 教授认为，“财务机器人日后将替代人类完成一些批量重复性的工作，使他们重新部署到更多需要人际交往的角色中去，或专注于更有意义的部分”。

2017 年德勤机器人“小勤人”的出现，就已经打开了财务智能化的大门。一项本来需要 15 分钟才能够完成开票流程，在机器人的帮助下只需要三分钟便能够搞定。而与此类似的，还有多种类型的机器人，可以让财务日常烦琐的工作实现智能化，包括银企对账机器人、合并报表机器人等，将传统需要财务花非常大力气和时间才能完成的工作，变得更为高效。传统的财务报表合并，从收集数据或者导出数据，到汇总合并抵消，报表编制，往往需要耗费财务人员大量的精力。而使用了机器人，全程只要 45 分钟，财务工作的效率可以提升 98.7%。

此外，还有一些智能的发票审核系统，可以实现报销业务真实性、内控规范性、票据合规性、金额和付款合理性的自动审核。完成以后，还会自动生成会计凭证，让整个报销的流程都变得极其智能。

三、数字化

在技术变革的时代，海量的数据结合先进的模型、算法和工具，会与会计行业碰撞出不一样的火花。

在过去的资产管理中，财务部门常常会遇到一些棘手的问题。其中最突出的是财务数据与实物状态的不匹配，这给资产的有效管理带来了很大的困扰。此外，资产的归属部门和使用部门不一致的情况也时有发生，这给资产管理和使用带来了不少麻烦。

然而，随着大数据等技术的不断发展，这些问题逐渐得到了解决。首先，通过大数据技术，可以实现高效的数据采集和处理分析，对资产进行动态管理。这意味着财务部门可以实时了解资产的状态和位置，确保实物与账目的一致性。同时，大数据技术还可以实现资产的信息共享，让各部门都能够及时了解到资产的使用情况和位置信息，提高资产的使用效率和管理水平。

通过对资产相关数据的深入挖掘和分析，我们可以得到更多的信息。例如，我们可以分析资产的地理分布、使用频率、维修频率等指标，为决策提供有力的数据支持。同时，通过在建工程转固的预估和实际金额进行对比，可以及时发现差异并采取相应的措施。此外，通过各类资产预算执行进度的比较，可以对资产构成和合同执行现金流进行分析，帮助管理层更好地了解资产的分类统计情况，从而更有效地进行预算的把控和资源的配置。

数字化时代给财务管理带来了前所未有的机遇。通过数字化手段，我们可以更加高效地进行资产管理，减少人力成本，提高工作效率。同时，数字化技术还可以帮助我们更好地掌握资产信息，为决策提供更加准确的数据支持。因此，数字化时代将使财务的管理效率空前提高，为企业的持续发展提供强有力的支持。

第二章　传统企业财务管理的变革和重塑

第一节　传统企业财务管理的理念

一、基于企业效益及预算管理理念

（一）效益理念

取得和不断提高经济效益是市场经济对现代企业的最基本的要求。对现代企业来说，取得效益意味着必须以低于社会必要劳动时间的劳动耗费来完成其生产经营活动过程；而经济效益的提高，则需要依赖于个别劳动时间的耗费与社会必要劳动时间对比关系的进一步好转。可见没有劳动时间的节约，就不可能有经济效益的产生和提高。从某种意义上讲，社会发展的动力来自劳动时间的节约，而劳动时间的节约是通过对人力、物力、财力的合理节约来实现的，即通过有效的财务管理来实现的，因此在财务管理方面必须牢固地确立效益理念。效益理念的确立，有助于现代企业在符合市场需求的前提下，独立地作出有关决策，建立明确的财务目标，并通过市场竞争得以实现，自觉地增强企业自我改造、自我完善、自我发展的能力。效益理念的确立，要求企业必须做到：筹集足额资金，保证企业生产经营活动的需要；合理分配资金，节约资金占用，加速资金周转；开源节流，增收节支，处理好对企业生产经营活动的服务与管理的关系，强化机会成本观念，努力消灭各种闲置；努力保持目前经济效益与长远经济效益的统一；重视资金成本，合理确定负债结构，控制财务风险；创造条件计量各种潜在的损失并提前反映与补偿；利用发达的金融市场，力所能及地开展货币商品经营；树立良好的企业财务形象，保持企业优越的外部环境等。

（二）预算理念

现代化大生产与大经营要求企业进行严密的分工与合作，这就需要加强内部控制，而加强内部控制则需要预算作为控制的标准。现代市场经济社会中企业经营的复杂性和多变性，给企业造成了各种各样的风险，预算管理是预防和应对风险的重要方法，也是提高企业管理水平的重要环节。市场经济越发达，企业对管理水平提高的要求越强烈，预算管理也就越得到重视。从一定程度上说，一个企业预算水平的高低决定了其管理水平的高低，预算管理水平集中代表了企业的管理水平。所谓预算理念，就是要求企业在任何的经营活动和理财活动开始之前都要编制详尽的预算，编制的各种各样的预算要相互联系，编制预算的方法要科学合理，根据企业在每一时期的实际情况，要突出预算编制的重点。

二、战略管理理念

（一）现金流量理念

现金流量和自由现金流量在企业战略管理中具有重要地位。大量的证据显示，按财务报告披露的利润所分配的收益与股票价格变动之间缺乏联系，而一些国际大公司的股价与其现金流量之间却存在着高度相关性。欧洲的一项研究显示，股价变动与每股收益的相关度为-0.01，而与资本现金回报率的相关度则是 0.77。因此，欧美国家的投资者对公司的评价更多的是基于所报告的现金流量，而非盈利情况。这一趋势在日本也已出现。有人甚至提出“现金流量至尊”之理念。许多跨国公司将其经营重心转向那些带来的现金流量回报超过其资本成本的投资组合。可以看出，基于现金流量的投资回报已经成为与股东财富或公司价值密切相关的新概念，并已成为企业发展战略和财务战略的战略规划结合点。

（二）价值创造理念

确保企业内部每一个层面的决策过程都与股东财富最大化的原则相吻合，是一流财务管理人员必须具备的技能。从一些企业的成功经验来看，当股东财富最大化成为企业追求的目标之后，以价值为基础的管理（Value Based Management，VBM）就已经成为财务管理人员所必须具备的财务理念。因为 VBM 涉及对自由现金流量、风险和时间的调整与分析，可以促使企业的财务管理实现从短期的利润视角到长期的价值创造的观念更新，可以引导企业管理当局直接面向股东，从而对整个企业的财务支持系统的运作产生深刻的影响。

（三）成本领先理念

企业经营范围广泛，其经营面往往对其成本优势至关重要。成本优势的来源因产业结构不同而异。它们可以包括追求规模经济、专利技术、自动化组装、原材料的优惠待遇、低成本设计、有利于分摊研制费用的销售规模、较低的管理费用、廉价的劳动力和其他因素。成本领先理念是企业最普遍、最通用的竞争战略之一。成本领先理念一般要求企业成为行业内的成本领先者，而不是争夺这个位置的众多企业中的一员，如果在实行该理念时未能认识到这一点，那么在行动上将会铸成大错。

成本领先理念的关键在于通过其成本上的领先地位来取得竞争的优势，这与在市场销售上采取的低盈利低价格的策略是截然不同的。成本领先理念的成功取决于企业日复一日地实际实施该理念的技能，还取决于管理层对该理念的重视程度。实行成本领先理念时，企业需要注意下面这些错误导向：

1）重视生产成本而忽视其他。成本的降低使人首先联想到的就是生产成本的降低，但多数情况下生产成本只是总成本的一部分而已，在我们重视降低生产成本的同时，还需要认真地审视一下产品的整个成本链，这往往成为降低成本的重要步骤。

2）将采购视为次要的部分。采购是成本降低过程中最重要的环节之一，所以不应该视采购为次要的职能，也不要将采购分析限制于某些重要的方面。

3）忽视间接的及小成本的活动。在实行成本领先理念时，不要仅仅将眼光放在能够产生大的成本降低或直接与成本有直接关系的方面，而忽视了占成本小部分或只有间接关系的部分，要知道小的降低能够累积为大的领先。

4）对成本驱动因素的错误理解。企业常常会错误地判断其成本驱动因素，如全国占有率最高同时又是成本最低的企业，人们就会错误地认为市场的占有率能够推动成本的降低。

5）成本领先与产品特色的取舍。如果企业的产品是消费者心目中具有特色的产品，那么在实行成本领先理念时就必须充分地考虑这一点。在某些时候，成本的降低可能会影响产品的某些特色，降低成本还是保持产品特色，需要企业深思熟虑。

（四）机会成本理念

在理论上，机会成本泛指一切在作出选择后失去另一个机会的最大损失。机会成本的变化性较大。机会成本与企业收益成反比，即机会成本越小，企业收益越好。企业在作出选择时，应该要选择最高价值的项目，而放弃选择机会成本最高的项目，即失去越少越明智。机会成本通常包括显性成本和隐性成本两部分。前者指使用他人资源，付给资源所有者的货币代价的那部分机会成本；后者指因为使用自有资源而放弃其他可能性得到的最大收益的代价。如在筹资中，机会成本运用首先集中体现在融资工具的运用上，此时为最大集资，可大量运用可转换债券。可转换债券是一种混合证券投资工具，风险投资者可以利用它有效地控制投资风险并获得较高的收益，即通过债券的优先求偿权可以保证其投资的回收，或以企业的良好成长性引导投资者行权从而由债权人变成股东。

（五）市场竞争理念

市场经济是一种通过竞争实现资源优化配置的经济。竞争是市场经济的基础法则。竞争促使现代企业在价值规律的作用下寻求更有效的经营方式和更有利的经营方法。就现代企业财务管理而言，竞争为其创造了种种机会，也形成了种种威胁。在市场经济体制环境下，价值规律和市场机制对现代企业经营活动的导向作用不断强化，无情地执行着优胜劣汰的原则。市场供求关系的变化、价格的波动，随时会给现代企业带来冲击。市场竞争观念要求财务管理活动中要一切从市场的要求出发，一切考虑市场的评价效应，一切服务于市场和忠诚于市场，财务管理活动要“从市场中来，到市场中去”。

企业具体要做到：在政府的有关财务方针政策符合市场规则的前提下，企业财务管理活动必须遵循市场管理规则，亦即遵循政府的方针政策；企业要研究金融市场，熟悉金融市场，以便从金融市场中筹措资金；企业的资金结构安排要考虑市场评价的效应；企业的股利分配政策要考虑对股市的影响；企业的财务状况和经营成果的好坏由市场来评价；为提高和保持企业的市场竞争能力，必须贯彻财务信息“公开性和保密性并重”的原则；从市场中培养财务形象，以良好的财务形象取信于市场等。

总之，企业要在进行充分的市场调查和市场预测的基础上，强化财务管理在资金筹集、资金投放、资金营运及收益分配中的决策作用，并在市场竞争中增强承受和消化冲击的应变能力，不断增强自身的竞争实力。同时根据对外开放的基本国策，要进一步吸收外资，学习外国先进的管理方法和先进技术，有选择地借鉴国外财务管理中的科学、合理的经验，掌握现代化的财务管理手段和方法，通过参与国际竞争来求效益、求发展。

（六）收益性与流动性相统一理念

收益性与流动性是一对相互依赖、相互矛盾的概念，也是财务管理实践中必须树立的核心观念。从长期来看，两者是相统一的。要想取得长远的经济效益，就必须保持理想的流动性，以保证企业在动态的发展过程中不断清偿到期债务。只有如此，才能保持企业的长期收益性。从目前来看，两者又是相互矛盾的。要想取得较强的收益性，则必须大量使用流动负债，大量形成流动性较低的长期资产，这样企业必然表现为资产流动性较低、偿债力较弱。反之，想要维持较强的流动性，企业必须保持较多的流动资产，或者维持较高的自有资本比率或较多的长期负债，流动资产的闲置和资金成本较高，必然降低企业的收益性。如何保持理想的收益性和流动性，是市场经济条件下企业必须认真权衡的理财问题。建立正确的收益性与流动性观念，就是要求企业具备有关收益性与流动性及其两者关系的正确观念，在此观念的指导下，正确处理企业的资产结构、资本结构及其两者的对称结构问题，以保持企业理想的收益性与流动性，实现收益性与流动性的统一，满足企业追求所有者权益最大化这一企业目标的要求。

（七）全方位、多层次理财理念

财务管理不仅仅是财务部门的工作，而且是应由各部门、各单位和全体员工广泛参与的工作，是全方位的管理。从理财层次看，企业理财基本上可分为三个层次。

1. 主管层理财

这一层次包括公司董事长、总经理、财务副总经理和其他副总经理。该层理财的常设办事机构是企业总部的财务部。这一层次是企业理财的领导层，担负着企业财务组织机构设置、内部财务管理体制制定、财务总体目标决定、财务战略决策制定、财务调控的组织和财务考核与奖罚等职责。该层次的理财活动主要由企业总经理与财务副总经理负责组织领导。

2. 分管层理财

分管层理财指企业采购、生产、营销、人事等职能部门的理财。这一层次是企业理财的中间层，介于主管层和基础层之间，担负着对分管部门财务组织机构（或专门核算人员）的设置、分管财务管理制度的制定、分管财务目标的分解与监控等职责。该层次的财务管理活动由分管部门经理负责进行，其办事机构（或人员）为分管部门的财务机构（或专职人员）。

3．基础层理财

基础层理财是指企业具体进行生产经营活动的基层单位（如车间、采购组、库房、营销组等）的理财。这一层次是企业理财的基础，担负着基层财务专职或兼职人员的设置、财务考核目标的具体落实与组织实现，以及基层财务制度的制定等职责。

企业理财的三个层次，从纵向看是财务管理总目标与分目标的层层分解、落实与组织实施，从横向看是各分管部门或各基层单位之间围绕财务管理总目标实现的分工合作关系。三个理财层次紧密联系、相互依存、相互制约，构成了企业完整的理财体系。

三、基于风险报酬与资本价值管理理念

（一）风险报酬理念

从财务的角度来看，风险主要是指无法达到预期报酬的可能性。由于投资者对意外损失的关注，一般要比对意外收益强烈得多，因而人们研究风险时侧重减少损失，经常把风险看作不利事件发生的可能性。要求规避风险报酬是描述投资项目财务绩效的一种方式，其大小可以通过报酬率来衡量。假设某投资者购入 10 万元的短期国库券，利率为 10%，一年后获得 11 万元，那么这一年的投资报酬率为 10%，即

投资报酬率=（投资所得－初始投资）/初始投资=（11－10）/10=10%。

事实上，投资者获得的投资报酬率就是国库券的票面利率，一般认为该投资是没有风险的。然而，如果将这 10 万元投资于一家刚成立的高科技公司，该投资的报酬就无法明确估计，即投资面临风险。企业的财务决策几乎都是在包含风险和不确定的情况下做出的。离开了风险，就无法正确评价企业投资报酬的高低。风险是客观存在的。按风险的程度，可以把企业的财务决策分为三种类型。

1．确定性决策

决策者对未来的情况是完全确定的或已知的决策称为确定性决策。例如，前述投资者将 10 万元投资于利息率为 10%的短期国库券，由于国家实力雄厚，到期得到 10%的报酬几乎是肯定的，因此，一般认为这种情况下的决策为确定性决策。

2．风险性决策

决策者对未来的情况不能完全确定，但不确定性出现的概率的具体分

布是已知的或可以估计的，这种情况下的决策称为风险性决策。

3．不确定性决策

决策者不仅对未来的情况不能完全确定，而且对不确定性可能出现的概率也不清楚，这种情况下的决策称为不确定性决策。

从理论上讲，不确定性是无法计量的，但在财务管理中，通常为不确定性规定了一些主观概率，以便进行定量分析。不确定性在被规定了主观概率以后，就与风险十分相似了。

因此，在企业财务管理中，对风险与不确定性并不作严格区分。当谈到风险时，可能是风险，也可能是不确定性。

投资者之所以愿意投资风险高的项目，是因为其获得的报酬率足够高，能够补偿其投资风险。很明显，在上述例子中，如果投资高科技公司的期望报酬率与短期国库券一样，那么几乎没有投资者愿意投资高科技公司。

企业必须在财务管理中树立风险观念，通过风险回避、风险接受、风险转嫁、风险分散等手段，对企业财务活动的风险加以控制，以便正确有效地实施财务决策。

（二）资本价值管理理念

以金融市场为主导和以现代企业制度为主体的现代市场经济的完善和发展，导致企业目标由追求利润最大化发展到追求综合程度更高的企业资本价值（企业价值）最大化。企业价值最大化是通过企业合理经营，采用最优的财务决策，在考虑货币时间价值和风险报酬的前提下，使得企业整体价值最大化，进而使股东财富最大化。资本价值管理成为占主导地位的企业理财的新理念和新模式。

（1）在管理权限上，实行适度集权的模式。一般来说，若管理对象结构复杂、布局分散，管理者本身控制能力弱，宜采取集权型管理；反之，则宜采取分权型管理。对于我国大多数国有企业来说，一方面，集团企业规模较大，业务领域较宽，分支机构数量和级次多，地域分布广，内部经济关系较为复杂；另一方面，管理者对财务控制机理的熟悉和重视程度不够，控制手段和方法较为原始，控制机制相对比较薄弱。在这种情况下，宜采用集权模式配置资金权力。

资金集权化管理的基本思路是集中财权，强化管理。其具体操作是将一些重大的财权包括资金调度权、资产处置权、投资权、收益分配权和财务人员的任免权等按现代公司治理结构的要求进行配置，特别是在经理层这一层次上要处理好总经理和财务总监的财务支出联签问题。在一个独立的企业内部，尤其是集团公司内部，资金的集中管理不仅必要而且十分重要，它是提高企业资金效益、实现资本价值管理的有效手段。

为适应财务集中的管理模式，要尽可能减少管理层次，精简下属企业。原则上不应再设置三级企业或更低层级的公司，彻底改变财权被多次分割、散布于各级企业的状况，实现企业资源在集团公司范围内的整体调整和配置，确保集团总体战略的有效实施，有效控制下属企业的次优化目标和“绕道潜行”等违规行为的发生。

（2）在管理内容上，实行全面预算管理。预算管理是一个重要的财务控制工具。资本价值管理模式下的财务预算要克服以往分块制定、各自实施，缺乏完整性和全面性的计划管理缺陷，必须从企业的战略目标出发，全面均衡地考虑公司的预算体系，考虑总预算与各分项预算之间的衔接和平衡，建立一套系统编制相互协调的全面预算管理体系。

从系统的观点看，企业财务预算是由销售、生产、现金流量等各项预算组成的财务责任指标体系，它是以企业年度利润目标为出发点，以销售预测为编制基础，综合考虑市场和企业经营管理的各项因素，按照目标明确、权责清晰的原则，由企业预算管理委员会讨论通过的企业在未来一定时间内经营决策和目标规划的财务数量说明和责任约束依据。

在财务预算的编制方式上，要推广各种先进的预算编制方式，根据强化企业内部远期管理的要求，推行滚动编制和零基预算方式，坚持全面预算与项目预算、责任预算相结合，坚持项目预算与责任预算的可控性原则，坚持对预算差异进行及时的、有针对性的反映和控制。

在预算编制内容上，应强化资金预算编制，特别是现金预算的编制，以预先规定企业计划期内由于经营管理及投资活动所引起的现金流入与流出，将现金预算作为强化现金流转的计划控制工具。

（3）在管理手段上，强化财务激励与约束机制。为了使下属企业和各责任中心的经理人员理解和配合公司加强财务集中与监管的做法，建立相应的激励机制是必要的。

激励的主要方式是目标激励。目标管理是一种以考核最终成果为核心的企业管理方式，需要处理好以下三个环节：

第一，目标的设定要科学合理，不仅要有效益目标，而且要有资产质量目标和管理目标；目标既要有现实的可行性，也要有一定的挑战性。

第二，目标的执行、检查和考核要有刚性。

第三，奖惩措施要及时到位。目标执行结果应严格地与企业的主要经营者、各责任中心的经理人员的个人报酬、职位升降等挂钩。

以上三个环节是环环相扣的，任何一个环节出问题都会导致目标管理的失败。为确保激励机制有效运行，在企业资本价值管理中必须理顺财务关系，硬化财务约束，正确处理权责关系，使各个企业经营者所享有的权利和所承担的义务对等，这是硬化财务约束的一个基础；要坚持按市场经济规律和游戏规则来处理集团内部各企业之间、各企业与集团总部之间的关联交易，这种内部调节主要依托于市场机制和经济约束方法，而不能依托于行政命令；要按照诚信原则理顺内部关系，重点要清理历史原因形成的权益和产权纠纷，清理往来债权债务，并在必要时开展内部信用评级工作，对不同信用级别的企业实行不同的信用政策。

四、货币时间价值理念

货币时间价值是指货币经历一定时间的投资和再投资所增加的价值，也称为资金时间价值。资金作为一种必需的生产要素，在投入生产经营的过程中会带来价值的增值，所增加的价值就是资金的时间价值，它构成了资金作为一种生产要素在投资过程中所应得到的报酬。

从量的规定来看，资金在运用过程中所增加的价值并不全部是资金的时间价值，其中还包括投资者因承担投资风险和通货膨胀而获得的补偿，因此，所谓的货币时间价值应当是在没有风险和通货膨胀的条件下的社会平均资金收益率。

简单地说，在市场经济环境中，当前的 1 元钱和一年后的 1 元钱，其经济价值并不相等。即使不存在风险和通货膨胀，当前的 1 元钱也比一年后的 1 元钱的经济价值更大一些。例如，将当前的 1 元钱存入银行，假设存款利率为 10%，那么一年后将得到 1.10 元，经过一年时间资本增值了 0.10 元，这就是货币的时间价值。

货币时间价值有两种表现形式，一种是用绝对数值表示，即资金价值的绝对增加额；另一种使用相对数值来表示，即资金的利润率。相对而言，后一种形式便于进行比较，是常用的表示方法。例如，前述货币的时间价值为 10%。

单位货币在不同时间段的价值并不相等，因此，不同时间的货币收入或支出不应当直接进行比较，需要将它换算到相同的时间价值基础上，方可进行比较与分析。货币时间价值原理正确揭示了在不同时点上资金之间的换算关系，是财务决策的基本依据。

五、边际与弹性理念

（一）边际理念

边际概念是指企业每增加一个单位的产量所增加的成本或收入，相应地形成边际成本和边际收入。与之相关的是边际成本递增和边际收入递减的规律。这两个规律告诉我们，企业生产经营和财务活动在量上都有一定界限，小于或超过这一界限就不可能使企业利润最大化，只会使企业经营得不偿失，通常我们把这一界限称为损益分界点或损益平衡点。这一界限的确定在财务管理中称为边际分析。在企业理财活动中，运用边际收入、边际成本、目标边际收入或目标边际利润进行分析，可以有效地确定企业生产经营和财务活动的规模与结构。而且，在企业筹资过程中，边际资本成本是选择筹资方案的重要依据，一般而言，边际资本成本低的筹资方案为优。

（二）弹性理念

企业都面对着不断变化的市场，每一个企业的理财环境都在不断更新，这就要求企业的生产经营和理财活动必须保持灵活的适应能力或可调整性，我们称之为弹性，也可称为可调性。弹性理念要求企业在进行各项生产经营和理财活动中，必须注意到市场的变化，留有调整余地，以便企业可以随时、自动地为适应市场变化而进行调整。例如，在企业投资过程中，企业的投资规模一旦确定。不应当成为不变的控制指标。由于企业投资活动面对众多不确定因素，而且这些因素经常处于变动状态，因而企业投资规模也应随之作出相应调整。由于理财活动中需要人的预测，而人的预测能力又有一定的局限性，因而企业投资规模的确定应具有弹性，以便调整。再如，企业的利润分配方式和数额往往也要适应市场利率、汇率等因素的变动。

在理财活动中，万能方案是不存在的。财务管理人员在作出各项决策之前应充分预测市场变化对其决策的影响并适当留有余地，而在决策执行过程中则应注意市场变化对各决策的影响，并作出适当调整。

六、国际化理财理念

随着中国加入 WTO，我国企业理财环境发生了重大变化。国际市场一体化，国内市场国际化，实行最惠国条款与国民待遇，外国企业走进来，我国企业走出去，使我国企业财务管理从国内理财走向了国际理财，从而要求企业高层管理人员树立国际化理财理念。

（一）国际化理财战略的选择

（1）按国内与国际宏观经济周期选择财务战略。一般而言，经济周期与财务战略存在匹配关系。企业在选择财务战略时，要根据自身的筹资、投资与收益分配活动的国际化程度的高低，受国际性经济周期影响的大小来恰当地进行财务战略决策。

（2）按企业主导产品的生命周期选择财务战略。主导产品的生命周期与企业财务战略也存在一定的匹配关系。

（二）国际纳税筹划

国际纳税筹划是企业在遵守东道国税法和有关法律的前提下，通过定性定量分析和纳税安排，使企业总体税负水平最小化的一项财务管理工作。搞好国际纳税筹划，要求企业高层管理人员充分了解东道国的税法和相关法律，将东道国的税收导向和企业的生产与销售产品结构尽可能协调好，多出口东道国征税税种少、税率低的产品与服务，少出口东道国征税税种多、税率高的产品与服务。尤其要重视对方有减免税照顾的产品与服务的出口，从而使总体税负水平降低，提高企业的经济效益。

（三）人力资本估价

我国企业跨国经营，必然要大量引进国内外优秀人才，使人力资本估价成为一项紧迫的工作。企业高层管理人员要根据引进人才自身的再生产费用、为企业带来未来收益的多少、国际国内市场同类型人才的价格等因素进行综合分析，运用收益现值法、市价法等进行人力资本估价，从而恰当地确定引进人才的报酬和有关代价，做到人才引进收益大于成本。

第二节　传统企业财务管理面临的问题

一、企业财务管理观念落后

部分企业管理是家族式管理或者“一支笔”管理，在财务管理方面缺乏有效的机制和多元化的管理内容，往往一味地追求降低成本，甚至有些企业会通过不正当手段，如隐藏收入或编制虚假的财务报表，来达到减少资金支出的目的，从而引发一系列问题。这些行为不仅违反了法律法规，损害了企业的信誉，还会导致企业无法获得所需的全部财务信息，进而误导企业作出错误的战略决策。尽管许多企业仍采用传统的财务管理方式，但这种模式已无法适应现代市场的发展需求。为了解决这些问题，企业需要从多个方面着手。首先，建立健全的财务管理机制，以确保财务信息的真实性和完整性。其次，拓展财务管理的内容，从多个角度考虑财务问题，如投资决策、资金运营和风险管理等。此外，还需要加强财务管理人员的培训和教育，提高他们的专业素养和职业道德水平。同时，企业应该积极引入先进的财务管理理念和方法，以推动财务管理的科学创新和合理化。

只有这样，企业才能摆脱传统财务管理方式的束缚，实现科学、多元化的财务管理，提高企业的竞争力和适应能力。通过正确的财务管理策略，企业可以更好地应对市场挑战，实现可持续发展。

二、企业财务管理信息化程度不高

当前，许多企业在信息沟通方面存在不及时的问题，这给企业的信息传递带来了滞后效应，导致企业决策时间延长，从而错过了许多潜在的获益机会。在我国，许多企业的组织结构不够合理，中间层次过多，使得信息沟通存在障碍，影响了财务管理的效率。由于缺乏科学创新的意识和灵活性，很多企业在财务管理方面仍然采用传统的管理方式，这使得财务管理效率变得低下。这些企业没有及时获取现代化的财务管理知识，缺乏对科学、技术、管理等领域的了解，使得许多现代化的财务管理知识无法应用到企业中。此外，许多企业还存在着模仿其他企业的问题。然而，由于知识、信息的缺乏，这些企业往往只能停留在形式的模仿上，无法真正将所学知识融入实际的经营过程中。这使得企业在实际运营中无法充分发挥作用，影响了企业的竞争力。

为了解决这些问题，企业需要采取一系列措施。首先，需要优化组织结构，减少中间层次，提高信息传递的效率。其次，需要增强科学创新的意识，引入现代化的财务管理知识，提高财务管理的效率。最后，需要加强知识获取和积累的能力，通过不断学习和实践，将现代化的财务管理知识融入实际的经营过程中，提高企业的竞争力。

三、企业财务管理制度产生较晚

我国对财务管理的研究起步较晚。刚开始我国的财务管理只是制作报表，先进的财务管理制度并没有产生。在我国经济体制的不断改革下，经济学家与企业家也逐渐认识到了财务管理对企业的重要作用，综合性地评估和管理企业的资金活动。

以财务管理为中心，是我国社会主义市场经济发展的必然结果。在国内外市场竞争的压力下，我国的传统企业也开始了对现代财务管理的探索。财务管理是企业发展的核心，是企业发展的命脉。想要在国内外激烈的市场竞争中突出重围，传统企业必须规范并加强对企业的财务管理，同时树立良好的财务管理风险防范意识，这是在未来的市场竞争中进一步生存和发展的重要途径。

四、企业财务人员素质水平较低

财务人员是推动企业财务管理工作的核心力量，他们的素质高低直接决定了企业财务管理的水平和质量。然而，当前我国的财务人员素质普遍较低，这使得企业的财务管理缺乏足够的专业支撑，无法发挥出应有的作用。更进一步的是，许多企业的财务人员目前还停留在简单的核算层面，他们的专业水平相对较低，无法满足企业日益复杂的财务管理需求。这种状况使得企业的财务信息质量低下，无法为企业决策提供有效的支持。

为了改变这种局面，企业需要将财务管理嵌入日常的经营管理中。然而，实现这一目标的前提是，财务人员必须具备足够的专业能力和素质。遗憾的是，目前大部分的财务人员还无法满足这一要求，他们在日常经营管理方面的知识和技能还存在明显的不足。这使得他们无法将财务管理真正嵌入业务之中，也无法为企业的决策提供有效的支持。

企业需要重视财务人员的培养和引进。通过加强培训和教育，提高他们的专业素质和技能水平。同时，企业也需要积极引进具有丰富经验和专业技能的财务管理人才，以增强企业的财务管理能力。只有这样，企业才能真正实现财务管理的目标，推动企业的发展。

五、缺乏对企业财务管理制度创新的实践

尽管我国已有大量文献强调了数字化对优化财务管理制度的重要性，但真正付诸实践的企业却少之又少。这使得企业在数字化时代如何进行有效的财务管理这一核心问题仍未得到完全解决。在当今的互联网时代，现代企业的发展早已离不开互联网的支撑。面对这一现实，企业需要将创新的财务管理模式切实融入企业的发展过程中，以达到经济发展的需求，并推动企业实现实质性的改革。尽管许多企业已经认识到财务管理创新的重

要性，并制订了详尽的财务管理创新计划，但往往无法顺利实施。这使得企业无法彻底实现财务管理模式的转变，导致企业财务模式混乱，企业内部财务问题频发，最终影响企业的整体运营。这一现象的背后，是企业对于如何将数字化与财务管理有效结合的困惑。在数字化时代，财务管理的方式和手段已经发生了巨大的变化，而企业的财务管理模式也需要随之进行调整和优化。然而，很多企业在这一过程中面临着诸多挑战，如技术更新、人员培训、制度改革等方面的困难，导致企业的财务管理改革无法顺利实施。

企业需要更加重视数字化时代的财务管理模式创新。通过加强技术更新、人员培训、制度改革等方面的工作，将创新的财务管理模式真正落实到企业的日常运营中，推动企业实现实质性的改革。只有这样，企业才能更好地适应数字化时代的发展需求，提升自身的竞争力和可持续发展能力。

第三节　智能财务对传统企业财务管理的冲击

智能财务对传统财务管理的各个方面产生了深远的影响。

一、智能财务对传统财务岗位职责提出更高的要求

随着智能财务系统的普及和应用，传统财务管理人员的岗位职责发生了显著的变化。智能财务系统的出现使得许多基础的财务工作，如账务处理、报表编制和税务申报等，逐渐被自动化取代。这使得传统财务管理人员需要具备更多的技能和知识，以适应新的工作需求。

（一）财务管理人员需要了解和掌握智能财务系统的操作和维护

智能财务系统是一种基于先进技术和算法的软件系统，集成了多个模块和功能，包括账务处理、报表编制、税务申报等。这些模块和功能需要使用者具备一定的计算机技能和财务知识，才能够熟练地操作和维护系统。为了更好地完成日常财务工作，传统财务管理人员需要学习如何使用智能财务系统。他们需要了解系统的基本原理和操作流程，掌握各个模块和功能的使用方法。此外，他们还需要了解系统的维护和保养知识，以确保系统的稳定性和正常运行。例如，他们需要了解数据库管理的基本概念和方法，能够使用基本的查询语言进行数据查询和分析。他们还需要了解财务报表的编制和分析方法，以便能够使用系统提供的报表功能生成准确的财

务报表。智能财务系统的应用使得财务管理更加紧密地与业务部门和其他职能部门合作。传统财务管理人员需要与业务人员进行有效的沟通和协作，了解业务需求和变化，提供准确的财务信息和解决方案。他们需要与其他职能部门建立良好的合作关系，共同推动企业的业务发展和决策制定。

（二）传统财务管理人员需要具备扎实的数据分析和挖掘能力

智能财务系统能够通过先进的数据分析和挖掘技术，从海量的财务数据中提取有价值的信息。这些技术和工具的应用，使得财务管理人员能够更加深入地了解企业的财务状况和经营情况，从而为企业的决策提供支持。为了具备数据分析和挖掘的能力，传统财务管理人员需要学习如何使用这些工具和技术。他们需要掌握相关的数据分析方法和算法，如统计学、机器学习等，以便能够从数据中获取有价值的认识。此外，他们还需要了解数据可视化技术，如图表和仪表板等，以便能够将数据分析结果以清晰、直观的方式呈现给其他利益相关者。具备数据分析和挖掘能力的传统财务管理人员，能够从海量的财务数据中提取有价值的信息。例如，他们可以通过对财务报表的分析，了解企业的盈利能力、偿债能力和经营效率等方面的信息。他们还可以通过时间序列分析，预测未来的财务状况和经营趋势。这些信息有助于企业作出更加科学、明智的决策，推动业务发展和提高竞争力。

（三）与业务部门和其他职能部门的合作更加紧密和重要

为了更好地了解业务需求和变化，提供准确的财务信息和解决方案，财务管理人员需要与业务人员进行有效的沟通和协作。财务管理人员需要具备良好的沟通技巧，能够清晰地表达财务信息和观点，并能够理解和回应业务部门和其他职能部门的需求和问题。他们需要积极主动地与业务人员进行交流，了解业务的发展趋势和变化，为企业的决策提供准确和支持。

财务管理人员需要不断学习和提升自己的技能和知识，以适应新的工作需求和挑战。他们需要掌握智能财务系统的操作和维护，具备数据分析和挖掘的能力，以及良好的沟通和团队协作能力。只有这样，他们才能更好地为企业的决策和发展提供支持。

二、智能财务对传统财务工作模式提出更高的要求

随着科技的进步和人工智能的发展，智能财务已经成为一种新的趋势，它对传统财务工作模式提出了更高的要求。

（一）智能财务涉及的技术不断更新和完善

大数据分析、云计算、人工智能等新兴技术的应用，使得财务工作能够更加高效、准确和智能化。大数据分析技术为财务工作提供了更加全面和准确的数据支持。通过对海量数据的分析和挖掘，财务人员可以更加准确地了解企业的经营状况和市场需求，从而更好地制定财务策略。同时，大数据分析还可以帮助财务人员更好地预测未来的市场趋势和风险，为企业的战略规划提供更加准确的数据支持。云计算技术的应用为财务工作提供了更加高效和灵活的工作方式。通过云计算平台，财务人员可以随时随地访问和处理财务数据，不再受时间和地点的限制。同时，云计算还可以为财务工作提供更加可靠和安全的数据存储和备份服务，保障企业的数据安全和隐私。人工智能技术的应用为财务工作提供了更加智能化和自动化的支持。人工智能技术可以通过对大量数据的分析和学习，自动识别和预测财务工作中的模式和趋势，帮助财务人员更加快速和准确地完成一些重复性和机械性的工作。同时，人工智能技术还可以为财务工作提供更加个性化和精细化的服务，根据不同的需求和场景自动调整工作流程和规则，提高工作效率和质量。

（二）智能财务对数据质量的要求极高

因为任何数据上的错误或不一致都可能导致错误的财务决策。财务人员需要建立完善的数据质量标准和指标，对数据进行严格的筛选和清洗。这些标准和指标应该根据企业的具体业务和财务需求来制定，包括数据的完整性、准确性、一致性和真实性等方面。通过对数据的逐一验证和校对，确保数据的真实性和可靠性。财务人员需要建立数据质量的监控机制，定期对数据质量进行评估和检测。通过使用数据质量检测工具和技术，对数据进行全面的分析和检查，发现并纠正数据中的错误和不一致。同时，还需要对数据采集、存储和使用等各个环节进行监控和管理，确保数据的完整性和安全性。财务人员还需要更加注重数据的质量管理。这包括对数据的来源进行严格的审核和管理，确保数据的真实性和可信度；对数据进行合理的分类和归档，方便数据的查询和使用；对数据进行备份和恢复等安全管理措施，防止数据的丢失或损坏。

（三）智能财务要求更高的工作效率

智能财务的目标是提高工作效率和质量，因此需要财务人员更加注重工作效率和质量。财务人员需要了解并分析现有工作流程中的瓶颈和问题，有针对性的进行流程优化和改进。例如，通过引入自动化和智能化的系统和工具，减少重复性和机械性的工作，提高工作效率和质量。财务人员需要采取更加高效的工作方式和方法。这包括使用现代化的办公工具和软件，提高数据处理和分析的效率；采用数据分析和挖掘技术，快速了解企业的经营状况和市场趋势；通过沟通和协作，与其他部门建立更加紧密的合作关系，共同推进企业的发展。

三、智能财务对传统财务管理理念造成了冲击

智能财务对传统财务管理理念造成了冲击，这种冲击主要体现在以下几个方面。

（一）智能财务对传统财务报表制作和分析提出了更高的要求

传统的财务报表制作和分析主要依赖财务人员的经验和技能，不仅处理速度慢，而且容易出现人为错误，如计算错误、数据录入错误等。此外，人工分析也难以对大量的数据进行全面、准确的分析，从而影响了报表的及时性和准确性。然而，智能财务系统的出现彻底改变了这一现状。智能财务系统可以通过自动化和智能化的方式，快速、准确地生成和分析财务报表。它运用先进的算法和模型，对大量数据进行快速处理和深度分析，从而提高了报表的准确性和及时性。这可能涉及学习新的软件工具、掌握数据分析技巧、了解新的会计法规和准则等。同时，智能财务系统也带来了对传统财务报表制作和分析流程的挑战。例如，智能财务系统可以自动生成复杂的财务报表，这使得财务管理人员需要更加注重对数据的理解和解释。他们需要具备更高的专业知识和分析能力，以便从大量数据中提取有价值的信息，为企业决策提供有效的支持。

（二）智能财务更加注重数据挖掘和预测

这使得财务管理人员需要更加深入地了解和掌握数据分析和挖掘的方法和技术。智能财务对数据挖掘和预测的重视，无疑为财务管理人员提出了新的挑战和机遇。财务管理人员需要更加深入地了解和掌握数据分析和挖掘的方法和技术，以适应新的发展趋势。数据挖掘和预测是智能财务系统的重要功能之一。通过运用智能财务系统，财务管理人员可以快速地挖掘出大量数据中的有价值信息，预测未来的市场趋势和风险。为了更好地利用数据进行决策和支持，财务管理人员需要具备更高的数据素养和技能。

他们需要了解如何利用数据挖掘和预测的方法和技术，从海量数据中提取有价值的信息，并将其转化为可操作的建议和策略。此外，他们还需要了解如何将数据与业务实际相结合，将数据的价值转化为实际的业务成果。为了提高数据素养和技能水平，财务管理人员需要不断学习和实践。他们可以参加专业培训课程、阅读相关书籍和文献、参与行业研讨会等，以提高自身的数据分析和挖掘能力。同时，他们还可以积极与数据科学家、数据分析师等其他专业人士合作，共同推动企业的发展。

（三）智能财务更加注重财务管理的智能化和自动化

这使得财务管理人员需要更加关注如何提高工作效率和质量。智能财务的智能化和自动化是财务管理工作未来的发展趋势。通过引入智能财务系统，财务管理人员可以自动化处理大量重复性和机械性的工作，如数据录入、凭证制作、报表生成等。这大大提高了工作效率和质量，降低了人为错误和失误的风险。然而，这种智能化和自动化并不意味着财务管理人员可以完全脱离工作。相反，他们需要更加关注如何提高工作效率和质量，以应对更多的智能化和自动化带来的挑战。为了提高工作效率和质量，财务管理人员需要更加注重工作流程的优化和改进。这可能涉及引入新的软件工具、采用新的工作方法、建立新的合作机制等。同时，财务管理人员还需要关注如何与其他业务部门和职能部门建立更加紧密的合作关系。智能财务系统可以提供更加准确和及时的财务信息和解决方案，但这并不意味着其他部门不需要参与。相反，其他部门对财务信息的理解和应用能力对企业的决策和发展至关重要。因此，财务管理人员需要与其他部门建立良好的沟通机制，共同推动企业的发展。

第四节　企业财务管理的数字化突围策略

一、以数据赋能提高财务管理的精确性

（一）数据驱动决策

数据驱动的决策是一种现代企业管理的趋势，它基于对大量数据的收集、分析和利用，以揭示隐藏在数据中的规律和趋势，从而为企业的各项决策提供有力的支持。在财务管理领域，数据驱动的决策同样具有极其重要的意义。

通过收集和分析公司的各类财务数据，包括资产负债表、损益表、现金流量表等，财务管理者可以获得关于公司的详细财务信息。这些数据不仅可以反映公司的过去和现在的财务状况，还可以揭示出未来的发展趋势。例如，通过分析公司的销售数据，可以预测未来的销售趋势，为公司的预算分配和投资决策提供重要依据。通过对财务数据的实时分析和监控，财务管理者可以及时发现财务异常和风险，从而迅速采取措施进行干预和调整。这种实时数据分析的能力可以避免财务问题的扩大和恶化，保证公司的财务稳定和健康发展。通过对大量数据的分析和挖掘，可以发现新的商业模式和竞争优势，从而为企业带来新的发展机遇。例如，通过分析客户的消费行为和偏好，可以开发出更加符合市场需求的产品和服务，提高公司的市场占有率和盈利能力。通过数据驱动的决策，企业可以更加精确地了解自身的财务状况，提高决策的效率和准确性。同时，数据驱动的决策还可以促进财务管理的创新和发展，为企业带来新的发展机遇和竞争优势。因此，企业应该加强对数据驱动决策的投入和应用，以推动自身的健康稳定发展。

（二）实时数据分析

随着信息技术的发展和普及，实时数据分析已经成为现代企业管理中不可或缺的一部分。对于财务管理而言，实时数据分析技术的运用可以帮助企业及时获取最新的财务信息，以便及时调整策略，提高企业的竞争力和适应能力。传统的财务管理通常需要定期进行财务报表的编制和分析，而实时数据分析则可以实时监测和记录公司的各类财务数据，并及时进行数据分析和挖掘。这种实时数据分析的能力可以使财务管理者及时了解公司的财务状况，迅速作出决策和调整，从而更好地适应市场变化和商业环境。由于实时数据分析是基于最新数据的分析和挖掘，因此可以及时发现并纠正财务异常和错误。这种实时监测和记录的能力可以避免因为时间延迟而导致的误差和偏差，提高财务管理的准确性和可靠性。通过实时数据分析，财务管理者可以及时获取公司的各类财务数据，包括成本、销售额、利润率等关键指标，从而更好地了解公司的经营状况和市场趋势。这些数据可以为企业的战略规划、市场拓展和产品研发提供有力的支持，促进企业的创新和发展。

通过运用实时数据分析技术，企业可以及时获取最新的财务信息，提高财务管理的时效性和准确性，促进企业的创新和发展。因此，企业应该加强对实时数据分析的投入和应用，以推动自身的健康稳定发展。

（三）数据可视化

数据可视化是一种将复杂数据通过图形、表格、图标等可视化形式展现出来的技术，它可以帮助财务管理者更好地理解和分析数据，为决策提供有力的支持。

首先，数据可视化可以提高数据的可理解性。对于财务管理者来说，处理的数据往往涉及大量的数字和统计报表，这些数据往往难以理解和分析。而通过数据可视化工具，可以将这些复杂的数据转化为易于理解的图形和图像，如折线图、柱状图、饼图等，使得财务管理者能够更加直观地了解数据的变化和趋势，更好地发现数据中的规律和异常。

其次，数据可视化可以促进数据的交互性。通过数据可视化工具，财务管理者可以随时对数据进行查询、筛选、对比等操作，以便更好地发现和分析问题。同时，数据可视化工具还可以支持多种数据源的接入和整合，使得财务管理者可以更加方便地获取和分析不同部门、不同业务的数据。

最后，数据可视化还可以帮助财务管理者更好地发现和解决问题。通过数据可视化工具，可以更加清晰地展现数据的分布和趋势，从而帮助财务管理者更好地发现数据中的异常和问题。同时，通过数据可视化工具，还可以对数据进行更加深入的分析和挖掘，从而帮助财务管理者更好地解决复杂的问题。

运用数据可视化工具，可以提高数据的可理解性，促进数据的交互性，帮助财务管理者更好地发现和解决问题。因此，企业应该加强对数据可视化的投入和应用，以推动自身的健康稳定发展。

二、以开放共享增强财务管理的有效性

（一）加强内部共享协作

在当今的企业环境中，各部门之间的协作和信息共享至关重要。通过开放共享的财务管理平台，企业可以促进内部各部门之间的协作，提高整体运营效率和决策效果。

开放共享的财务管理平台可以促进财务部门与其他部门之间的信息共享。传统的财务管理模式下，财务部门往往只能通过定期的财务报表来了解公司的财务状况，而与其他部门的沟通较少。而通过开放共享的财务管理平台，财务部门可以随时查看其他部门的财务数据和业务数据，了解公

司的整体运营状况。这种信息共享和协作可以更好地协调资源分配、优化业务流程，提高企业的整体运营效率。

开放共享的财务管理平台可以促进不同部门之间的沟通和协作。通过平台,各部门可以共同参与财务决策和管理过程,加强相互之间的沟通和协作。这种跨部门的沟通和协作可以打破信息壁垒，提高决策效率和执行效果。

开放共享的财务管理平台还可以促进企业内部的创新和发展。通过共享数据和信息，各部门可以更好地了解公司的战略目标和业务需求，从而共同探索新的商业模式和业务机会。这种跨部门的合作和创新可以为企业带来新的增长点和竞争优势。

跨部门的合作和创新可以为企业带来新的机遇和竞争优势，推动企业的可持续发展。因此，企业应该加强对开放共享财务管理平台的投入和应用，以促进内部的协作和发展。

（二）加强外部合作联系

在现代商业环境中，企业不再是一个孤立的个体，而是与外部合作伙伴形成一个复杂的生态系统。开放共享的财务管理平台可以帮助企业与外部合作伙伴建立更加紧密的联系，实现信息的实时共享和同步。

首先，开放共享的财务管理平台可以实现与合作伙伴的实时信息共享。通过连接外部合作伙伴的财务系统，企业可以实时获取和共享彼此的财务数据和业务数据。这种信息共享可以减少沟通成本和错误率，提高工作效率和协同合作的效果。

其次，开放共享的财务管理平台可以帮助企业与合作伙伴建立更加紧密的合作关系。通过平台，企业可以与合作伙伴进行更加密切的沟通和协作，共同制定计划、预算、采购等财务决策。这种紧密的合作关系可以降低成本、提高效率、增强企业的竞争力。

最后，开放共享的财务管理平台还可以为企业带来更多的商业机会和合作伙伴。通过平台，企业可以展示自身的财务状况和业务能力，吸引更多的潜在合作伙伴。这种展示和连接的机会可以为企业带来更多的商业机会和合作伙伴，促进企业的发展和创新。

通过开放共享的财务管理平台，企业可以连接外部的合作伙伴，实现信息的实时共享和同步。这种连接和共享可以帮助企业提高财务管理的效率、降低沟通成本和错误率，同时还可以为企业带来更多的商业机会和合作伙伴。因此，企业应该加强对开放共享财务管理平台的投入和应用，以建立更加紧密的外部连接和合作关系。

（三）保证管理灵活调整

在不断变化的企业环境中，财务管理平台需要具备足够的灵活性和可扩展性，以适应企业不断变化的需求和业务模式。开放共享的财务管理平台可以通过模块化设计、可扩展接口等方式，实现随时调整以满足新的发展需求。

首先，开放共享的财务管理平台应该具备模块化设计的特点。平台可以由多个模块组成，每个模块都具有独立的功能和特点。当企业的业务发生变化时，可以通过修改或添加新的模块来适应新的业务模式。这种模块化的设计可以使得财务管理平台更加灵活、可扩展性更强，能够随时满足企业不断变化的需求。

其次，开放共享的财务管理平台应该具备可扩展接口。平台可以提供标准的接口，与其他系统进行集成和连接。当企业的业务发生变化时，可以通过扩展接口与其他系统进行对接，实现数据的共享和交互。这种可扩展接口的设计可以使得财务管理平台更加开放、互联互通，能够与其他系统协同工作，满足企业不断增长的需求。

最后，开放共享的财务管理平台还应该具备可定制化的特点。平台可以根据企业的特点和需求进行定制化开发，满足企业独特的业务需求和财务核算方式。这种可定制化的设计可以使得财务管理平台更加贴近企业的实际需求，提高平台的适用性和易用性。

三、以生态建设保障财务管理的灵活性

（一）生态系统建设

在当今的企业环境中，构建一个健康的生态系统是实现长期成功的关键。一个有效的生态系统不仅包括供应商、客户和投资者等关键参与者，还涵盖了其他利益相关者，如员工、政府和社区等。通过构建这样一个生态系统，企业可以更好地理解和管理自身的财务状况，实现更高效、更可持续的运营。

生态系统建设有助于增强企业与供应商之间的合作关系。在一个健康的生态系统中，企业与供应商可以建立长期、稳定的合作关系，企业可以更好地管理供应链风险，降低采购成本，提高整体运营效率。这种关系使得双方可以相互信任、共享信息，共同应对市场变化和挑战。

生态系统建设有助于提高客户满意度和忠诚度。在一个健康的生态系统中，企业可以更好地理解客户的需求和期望，为客户提供更高质量的产品和服务。这种密切的沟通和协作可以增强客户对企业的信任和认可，提高客户满意度和忠诚度。通过与客户的紧密合作，企业可以更好地管理客户关系，提高市场份额和销售额。

生态系统建设还有助于优化企业投资策略和提高资本运作效率。在一个健康的生态系统中，企业可以与投资者建立良好的沟通和合作关系。这种关系使得企业可以更好地了解投资者的需求和偏好，制定更加科学、合理的投资策略。同时，通过与投资者的紧密合作，企业可以更好地管理资金风险，提高资本运作效率，实现更高效的财务管理。

在这个生态系统中，各方可以相互协作、共享信息，以实现共赢。这种模式可以提高企业的整体运营效率、降低成本、增强竞争力，实现可持续的商业成功。因此，企业应该注重生态系统建设，以建立一个健康、稳定、可持续的商业环境。

（二）适应环境变化

企业所处的环境是不断变化的，政策、市场、技术等因素都可能对企业产生重大影响。在这个快速变化的环境中，企业的财务管理者需要具备敏锐的洞察力和灵活的调整能力，以适应环境变化并为企业提供有效的财务支持。而生态建设可以帮助财务管理者更好地适应环境变化。

生态建设可以为财务管理者提供实时、准确的市场信息。在一个健康的生态系统中，企业与供应商、客户、投资者等利益相关者之间保持着紧密的沟通和协作关系。当市场环境发生变化时，这些利益相关者可以迅速将市场信息传递给企业。财务管理者可以通过分析这些实时、准确的市场信息，及时调整财务策略，以适应市场变化。

生态建设可以为财务管理者提供政策咨询和支持。在一个健康的生态系统中，企业与政府、行业协会等保持着密切的联系和沟通。当政策环境发生变化时，这些利益相关者可以为企业提供政策解读和咨询。财务管理者可以通过这些利益相关者，及时了解政策变化，为企业制定合适的财务策略。

生态建设还可以为财务管理者提供技术支持和帮助。在一个健康的生态系统中，企业与技术供应商、研究机构等保持着紧密的合作关系。当出现新的技术和创新时，这些利益相关者可以为企业提供技术支持和帮助。财务管理者可以通过与这些利益相关者合作，引入新的技术和工具，提高财务管理的效率和准确性。

企业适应环境变化的能力可以提高企业的竞争力和应对风险的能力，为企业的长期发展提供有力的保障。因此，企业应该注重生态建设，以建立健康、稳定、可持续的商业环境。

（三）坚持创新发展

在生态建设这一宏大且意义深远的进程中，财务管理者的角色不容忽视。他们不仅是企业经济活动的守护者，更是推动财务创新发展的重要力量。为了响应生态建设的号召，我们应当积极鼓励财务管理者勇于尝试新的方法和技术，以推动财务管理的创新和发展。这种创新发展的环境可以激发财务管理者的积极性和创造力。

第三章　财务管理数字化转型的必要性与困境

信息技术在各个领域中得到了广泛应用，财务管理工作也不例外。特别是在当前我国多数企业财务管理工作水平低下的情况下，财务管理工作势必要做出改变。把握机遇，不断完善管理系统使其更加智能，这样才能更好地开展财务管理工作。

第一节　数字化大环境的特征与机遇

一、数字化大环境的特征

（一）时代特征

1. 第四次工业革命已经到来

信息革命被视为第四次工业革命，其主要特征是互联网在全球内普及。随着互联网、大数据、云计算、人工智能、物联网等在各行业各领域的广泛应用，经济发展方式与社会治理模式都在发生深刻变化。世界已进入数字化生存与激烈竞争的全新时代。掌握信息与数据，就是掌握世界发展的未来。

数字经济席卷全球，推动产业转型是必然趋势。人类社会正在数字化大潮中发生深刻变革，数字化越来越成为推动经济社会发展的核心驱动力。在构建“双循环”新格局的大背景下，企业应通过数字化转型，实现稳定产业链、畅通供应链的目标，完成供给侧结构性改革，提升企业经营效率与市场竞争力。

2. 数字化转型成为国家战略重要部分

数字化已经成为我国第二个百年奋斗目标的重要组成部分，推进企业数字化转型是国家应对国际化挑战的战略性部署。建设现代化制造业强国，就要强化实体经济的根基，而企业就是实体经济之基。数字化转型不仅是互联网平台头部企业面临的挑战，而且是各行各业都将面对的挑战。目前，我国企业在数字化转型中已经取得突破性进展，不仅在“三新”经济领域，而且在先进制造业及传统制造业领域，数字化转型都在如火如荼地开展。

3. 数字经济成为更高阶的经济形态

数字经济从初期的信息技术时代到新发展阶段的数字化转型时代，不仅导致经济形态的代际更迭，而且将引发产业与社会治理的深层次变革，数据将成为驱动商业模式创新、产业生产方式变革与社会治理现代化的核心力量。数字化是在信息化的基础上实现的。脱胎于信息化的数字化，不仅能够处理企业运行的内在问题，而且具有典型的迁移性，强调产业链上下游企业的信息互联与数据共享的协同能力。从表现形式上看，传统信息化系统与数字化系统区别不大，但从数字要素新特性与系统架构上分析，数字化运行机理与处理系统更为复杂，不同企业之间的数据交互，与信息化处理系统在语义、接口及编码方面存在明显差别。企业管理者必须关注技术迭代的系统升级，把握企业数字化转型中需要处理的关键性问题。目前，万物互联互通，数据共建共享，生产生活方式发生了巨大改变，信息化、网络化、数字化、智能化带来经济社会效益与效率的提升。从长远来看，新一代通信与信息技术切入经济社会所引发的产业与社会的巨大变革，终将导致行业边界日渐模糊等问题，未来社会中数字技术将无所不在。

（二）行业特征

1. 数字化对行业影响广泛深入

2019 年，《哈佛商业评论》发布了一份专题报告，主题即数字化转型的企业应对策略。报告对全球 700 余位企业经营者进行了调查。报告显示，一方面，七成以上的企业领导者认为，其企业正积极接纳并推动数字技术改造与生产经营方式的数字化转型；超过八成的企业领导者认为，数字经济会对他们所从事的行业造成颠覆性影响；超过五成的企业领导者认为，目前企业业务已经具备数字化元素与运行体系，并一致认为，率先实施数字化改造的企业会比后进入的企业获得更高的市场盈利，表现在市场上则具有更高的优势地位和获利能力。然而事实也说明，传统企业通过数字化转型实现经营管理能力提升的，成功比例不会太高，传统企业的数字化转型仍然难以实现大的突破。

2. 数字化转型需要行业积极响应与不断创新

数字经济成为社会变革和经济高质量发展的重要引擎，企业数字化转型势在必行。绝大多数行业会在短期或长期的数字化转型变革中受到影响，真正不受数字化影响的行业非常有限。互联网时代广泛应用数字技术的电商、通信、融媒体、金融等行业，是产业数字化变革的先驱。在可以预见的未来，数字革命必定会快速渗透到绝大多数行业与社会治理之中。数字化转型时不我待，企业必须结合行业发展特征和企业核心能力，谋划数字化转型战略，制定具体实施方案，跟上时代发展的步伐。企业应该成为数字化转型的积极响应者与倡导者，主动把数字化生产与服务作为产业发展的创新支撑平台，对企业经营管理方式进行重塑与再造，优化组织结构与流程，构建新型产业数字生态系统。我国企业数字化转型已然取得一定成效，甚至在某些数字经济领域内发展迅猛，形成若干市场主导者，但企业数字化转型仍然处于萌发期，发展潜力巨大，前景可期。

（三）组织变革特征

数字化是新一代通信技术和先进科技对企业经营方式的根本性改变，是企业运用数字化技术重塑战略、流程、组织和模式的全过程。企业推进数字化转型的核心，是通过构建数据处理与运用的能力，形成全新的价值创造体系，进而形成强大的市场拓展与控制能力。

1. 企业发展的内在驱动能力得到极大提升

（1）数据驱动决策。数字化让企业能够收集、分析和利用大量数据，以数据为依据做出更明智、更高效的决策。这不仅包括客户行为、销售趋势等市场数据，也包括员工行为、流程效率等内部运营数据。通过数据，企业可以更好地理解市场需求，优化产品设计，改进业务流程，提高生产效率。

（2）自动化和智能化。数字化让企业能够实现许多工作流程的自动化和智能化，包括数据分析、预测模型构建、智能推荐、自动化客服等。这不仅提高了工作效率，减少了人工错误，也为企业提供了更多的创新空间。

（3）个性化和定制化。在数字化的推动下，企业能够更深入地理解每位客户的需求和行为，从而提供更个性化和定制化的产品和服务。这种能力有助于提高客户满意度，增强品牌影响力，促进企业的增长。

（4）优化供应链管理。数字化可以让企业更好地跟踪和分析供应链数据，包括库存、物流、供应商绩效等。这有助于企业优化库存管理，降低成本，提高响应速度。

（5）员工赋能。数字化可以提高员工的技能和知识，使其能够更高效地完成工作。例如，通过数字化培训和教育，员工可以获得新的技能和知识，提高工作效率和质量。

（6）敏捷和创新。数字化能够让企业更快地适应市场变化，抓住市场机会。同时，数字化也鼓励企业进行更多的创新尝试，推动企业持续发展和进步。

2. 企业组织的构架发生较大变化

（1）数字化转型推动了企业组织构架的扁平化。传统的科层制组织架构逐渐为更为扁平化的组织模式所取代。这种扁平化的组织构架减少了管理层级，提高了决策效率，使得企业能够更加快速地响应市场变化和客户需求。例如，一些互联网公司采用了“去中心化”的组织架构，将决策权下放给一线员工，鼓励员工自主创新和灵活应变。

（2）数字化转型提升了数字化部门在企业组织中的地位。随着数字化技术的广泛应用，企业需要专门的数字化部门来引领数字化转型和推动技术创新。数字化部门逐渐成为企业的重要决策机构，负责制定数字化战略、推动技术应用、协调各个部门进行数字化转型等工作。

（3）数字化转型也促进了企业组织构架的灵活性和创新性。企业越来越倾向于组建跨部门的小团队来应对市场变化和客户需求。这些小团队具有高度的灵活性和创新性，能够快速响应市场需求，同时也有助于提升团队的协作和创新精神。例如，一些企业采用了“敏捷开发”的方法，将团队分成若干个小组，每个小组负责一个项目，通过快速迭代和反馈来推动项目的进展。

（4）数字化转型还带来了数据驱动的决策模式。数字化时代，数据成为企业决策的重要依据。企业通过收集和分析大量数据来了解市场需求、优化产品设计、改进业务流程等。这种数据驱动的决策模式需要企业组织构架的适应和支持。例如，一些企业建立了数据分析部门，负责数据的收集、分析和应用，为决策提供数据支持。

3. 企业经营决策的方式发生根本性变化

（1）数据驱动决策。数字化转型使企业能够收集、储存和分析大量的数据，为决策提供更加全面和精准的支持。企业可以通过数据分析找到产品的销售瓶颈和机会，制定更加准确的市场营销策略。同时，通过实时数据的监测，企业能够及时发现问题并作出调整，提高整体运营的效率和效果。数据技术的应用能够彻底改变人们的沟通方式、管理方式、决策方式、生产方式。

（2）决策过程和方式的改变。数字化转型改变了企业的决策过程和方式。传统的决策往往由少数高层管理者作出，而数字化转型使决策更加基于数据和科学分析。企业可以利用人工智能和大数据技术对各个环节进行模拟和预测，评估各种决策方案的风险和回报。同时，通过云计算和协同工具，企业可以实现跨地域、跨部门的协同决策，提高决策的效率和准确性。

（3）组织结构的变化。数字化转型打破了传统的组织结构和层级体系。传统的企业组织结构往往是以功能为中心由上至下的一级级层级组成，然而在数字化时代，创新和变革速度日新月异，传统的组织结构逐渐变得死板而不灵活。数字化转型要求企业采取更加平滑的组织结构以便更好地适应市场需求的变化。例如一些企业开始采用“扁平化”组织结构，将决策权下放到更接近客户的层级，以提高决策效率和响应速度。

二、数字化环境下企业财务管理面临的机遇

（一）信息化管理更加普及

首先，数字化技术为信息化管理提供了更加高效和准确的数据处理能力。在传统的管理模式下，大量的数据通常需要手动处理，不仅效率低下，而且容易出现错误。然而，在数字化环境下，企业可以借助各种数字化工具和软件，实现数据的自动化处理和分析，大大提高了数据处理效率和准确性。

其次，数字化技术为信息化管理提供了更加智能化的支持。通过大数据分析和人工智能等技术，企业可以对海量的数据进行分析和挖掘，从而发现隐藏在数据背后的规律和趋势，为企业的决策提供更加准确和及时的数据支持。同时，数字化技术也可以帮助企业实现数据的可视化和交互式分析，使决策者更加直观地了解数据背后的信息和意义。

再次，数字化技术为信息化管理提供了更加灵活和多样化的应用场景。

在数字化环境下，企业可以借助各种数字化技术和工具，实现生产、销售、采购、财务等各个业务环节的数字化转型，从而优化业务流程，提高工作效率和质量。同时，数字化技术也可以帮助企业实现定制化的应用场景，满足不同业务部门和员工的需求，提高工作效率和满意度。

最后，数字化技术为信息化管理提供了更加安全和可靠的数据保障。在数字化环境下，企业可以借助各种安全技术和工具，实现对数据的加密、备份和恢复等操作，保障数据的机密性和完整性。同时，数字化技术也可以帮助企业实现对数据的实时监控和异常检测，及时发现和处理数据异常和安全事件，保障企业的数据安全和正常运营。

（二）人工智能迅速发展

在数字化环境下，各种数据来源和类型越来越丰富，包括结构化数据、非结构化数据、流数据等。同时，数据规模和范围也在不断扩大，从企业内部的数据到外部的数据，从本地数据到全球数据，这些数据为人工智能提供了更为广阔的应用空间。

随着深度学习、机器学习等人工智能技术的不断发展，数字化环境下的各种算法和模型也越来越成熟和多样化。这些算法和模型可以帮助企业实现自动化决策、自动化分类、自动化识别等功能，提高了企业的生产效率和服务质量。

在数字化环境下，人工智能可以应用于各个领域，包括金融、医疗、教育、零售等。在金融领域，人工智能可以用于风险评估、信用评级、欺诈检测等方面；在医疗领域，人工智能可以用于疾病诊断、药物研发等方面；在教育领域，人工智能可以用于个性化教学、智能辅导等方面；在零售领域，人工智能可以用于商品推荐、库存管理等方面。

在数字化环境下，人工智能的部署方式不再局限于传统的服务器端或客户端，而是可以通过云计算、边缘计算等多种方式实现。这些部署方式可以帮助企业实现快速响应和灵活调整，从而更好地满足业务需求，提高运营效率。

（三）财务数据更为专业

数字化技术的快速发展，有力地推动了企业财务数据的专业化。这对企业来说是一个难得的机遇。

在现代经济环境下，所有企业的财务管理都应向着简洁的方向发展。假如企业的财务报告数据较为庞杂，不但会对企业管理者的决策造成不利影响，而且会影响企业固有的发展部署。所以，企业财务数据应不断向专业化发展，通过尽可能少的数据说明尽可能多的问题。在市场经济风云变化的今天，企业必须在最短时间里完成对财务数据的分析和处理。特别是在当前经济环境下，各行业领域间的竞争异常激烈，在财务管理过程中如果花费太多时间对数据进行处理，就有可能使企业错失发展机遇，甚至使企业与一些重要项目失之交臂。因此，企业实现财务数据专业化，可使企业财务管理工作更具优势，取得更大的发展成就。

（四）财务管理模式的转变

1．预警性数据代替事后补救

（1）预警性数据是指企业通过收集和分析各种财务和非财务数据，提前发现潜在的财务风险和管理问题，及时采取措施进行防范和控制。相比传统的事后补救模式，预警性数据具有更高的准确性和及时性，可以帮助企业更好地控制财务风险和优化财务管理流程。

（2）预警性数据的应用可以帮助企业实现更加精细化的财务管理。通过对财务数据的分析和挖掘，企业可以了解财务状况和经营情况，及时发现潜在的风险和问题，为决策提供更加准确和及时的数据支持。同时，预警性数据还可以帮助企业实现资源的优化配置和成本的降低，提高企业的竞争力和市场占有率。

（3）数字化技术为预警性数据的收集和分析提供了更加坚实的基础和广泛的应用场景。在数字化环境下，企业可以借助各种数字化工具和软件，实现数据的自动化处理和分析，提高数据处理效率和准确性。同时，数字化技术也可以帮助企业实现数据的可视化和交互式分析，使决策者更加直观地了解数据背后的信息和意义。

（4）预警性数据代替事后补救还需要企业转变财务管理观念和模式。企业需要从传统的以事后核算为主的财务管理模式，向以事前预测、事中控制和事后分析为主的财务管理模式转变。同时，企业还需要建立完善的内部控制体系和风险管理机制，确保预警性数据的准确性和及时性，以及采取措施进行防范和控制。

2．精准核算转变为全面管理

（1）数字化时代要求财务管理模式向全面管理转变。在数字化环境下，企业面临的经营环境更加复杂多变，对于财务管理的需求也更加多元化。因此，财务管理不仅要关注数据的准确性，还要关注数据的全面性，对企业各项财务活动进行全面的监测和管理。

（2）全面管理还要求财务管理模式向决策支持转变。在数字化时代，数据已经成为企业决策的重要依据。财务管理作为企业数据的重要来源之一，不仅要提供准确的财务数据，还要通过对数据的深入分析和挖掘，为企业的决策提供更加全面和可靠的数据支持。

（3）财务管理模式的转变还需要企业转变财务管理观念和模式。企业需要从传统的以核算为主的财务管理模式，向以管理为主的财务管理模式转变。同时，企业还需要建立完善的内部控制体系和风险管理机制，确保财务数据的准确性和全面性，以及采取措施进行防范和控制。

3．数字化客户管理

（1）数字化客户管理可以帮助企业更好地了解客户需求和行为模式。在数字化环境下，客户数据包括个人信息、购买行为、偏好等大量信息。企业可以通过对这些数据的分析，深入了解客户的需求和行为模式，从而提供更加个性化的产品和服务，提高客户满意度。

（2）数字化客户管理可以帮助企业实现精准营销和个性化服务。通过数字化技术和工具，企业可以与客户进行直接沟通，了解客户的意见和反馈。同时也可以利用社交媒体进行市场调研和监测竞争对手的动态，及时调整客户关系管理策略。此外，数字化客户管理还可以帮助企业实现销售全流程的贯通，包括线索转化、客户关系维护、客户拜访持续跟进和专业销售管理制度等方面，从而提高销售业绩和客户满意度。

（3）数字化客户管理可以帮助企业实现资源的优化配置和成本的降低。数字化技术可以帮助企业实现数据的自动化处理和分析，减少人工干预和错误，降低企业的运营成本和管理成本。同时，数字化客户管理也可以帮助企业更好地整合和优化内外部资源，实现资源的最大化利用和成本的降低。

（4）数字化客户管理可以帮助企业提高市场竞争力。通过对客户数据的分析和挖掘，企业可以发现隐藏在数据背后的规律和趋势，为企业的决策提供更加准确和及时的数据支持。同时，数字化客户管理也可以帮助企业实现定制化的应用场景，满足不同业务部门和员工的需求，提高工作效率和满意度。这些都将有助于企业提高市场竞争力，实现长期稳定的发展。

第二节 企业财务管理数字化转型的必要性

企业财务管理数字化转型是适应时代发展、提升竞争力的必然要求。通过数字化转型，企业可以实现工作效率和效益的显著提升、财务管理水平的全面提高、运营成本的有效降低以及财务管理和人员转型的顺利推进。因此，企业应积极拥抱数字化转型，以推动自身的持续健康发展。

一、数字化转型概述

（一）数字化转型的背景

企业在发展变革过程中需要积极发挥数字化技术推动数字化转型的积极优势，其根本在于更好地利用数字化技术重塑企业商业格局。数字化技术就是信息处理技术，其核心内容包括算力、算法和数据等。在重构企业商业模式的过程中，应积极发挥数字化技术的优势，将数字化技术应用于企业运营的所有环节，全面推动企业管理变革。

数字化转型对企业财务管理的扩展具有积极作用，在降低企业成本、改善产品质量、提高企业效益等方面发挥着巨大的作用。数字化使穿透性管理、赋能业务的效果更为显著。数字化转型对拓展财务管理的深度与厚度也具有重大意义。在数字化转型背景下，财务管理由传统的损益管理逐步向产品、区域、客户等不同维度拓展，对促进业务优化升级具有积极作用，有利于立体化财务管理模型的完善，为财务管理创新发展提供保障，对增加企业价值具有积极影响。在处理数据的过程中，需要在数据收集、分析、预判全流程的基础上，逐步推动数据自我决策智能模式的构建，这能够推动财务管理工作朝着简单化、智能化、高效化方向发展。发挥精准数据服务优势，凸显财务管理的潜能，提高财务管理工作的精度与效率。在优化工作流程、缩短工作时间方面，数字化转型具有明显的效果，能够大幅提高组织运行效率。一般而言，随着时代的发展，业财融合是财务职能扩大的产物，其终极目标是实现商业智能。立足数据，创造更多价值，对企业商业目标的顺利达成具有积极作用，对商业模式的创新具有重要的影响。

（二）数字化转型的内容

数字化是不以人的意志为转移的大趋势，是继工业化之后推动经济社会发展的重要力量。一般认为，数字化转型包含以下几个方面。

1．技术转型

在人们的理解中，数字化转型首先是 IT（Information Technology，IT）技术的转型。传统的竖井式 IT 技术架构已经不能满足业务需求了，分布式、平台式、中台架构得到了互联网企业的验证，也得到了越来越多传统企业的认可。于是，技术的转型成为数字化转型的基础，大量的新技术也被包装为成功案例而广为传播，但传统企业的技术转型并不能一步到位，传统与现代技术在很长一段时间内还要共存，于是双模 IT、双速 IT、多速 IT 等解决方案纷纷出炉，但这实际上增加了技术应用和管理的难度。

2．营销数字化

营销是最早进行数字化的领域。很多企业都在电商平台开通网店进行线上销售，后来又开展 O2O，实现线上线下融合。再到后来的数字化门店改造、私域流量、用户画像等，逐步实现了人货场的数字化重构。可以说，销售领域是数字化最容易切入的点，也是最容易见效的环节。在这个过程中，以用户为中心从口号变成了现实。企业需要选择合适的数字化营销渠道和平台，如社交媒体、电子邮件、短信、APP 等，通过这些渠道和平台向用户传递信息，开展促销活动。此外，通过营销自动化工具和系统，企业可以自动化营销流程，包括数据收集、用户行为分析、触发事件、自动化邮件等，提高营销效率和效果。

3．内部管理与运营数字化

以用户为中心必然会对原有的以产品为中心、以自我为中心的运营和管控模式带来巨大冲击，如何开展管理与运营数字化成为很多企业数字化转型的另一个重点。管理与运营的数字化在不同的行业和不同的企业中表现不一致，很多企业逐步开展集约化运营、一体化运营、数据化运营，推动运营管理的升级。

4．商业模式与产品创新

数字化时代，产品、服务的传统生产方式以及相应的企业形态和商业生态系统也都随之发生改变，企业数字化进展到以拓展业务、增长收入为目标的新阶段。通过数字化技术重新定义企业和产品的用户价值，发现新的市场机遇，甚至进行革命性的改变。

（三）数字化转型的发展

1．数字化认知阶段

数字化认知阶段是最初阶段。在这一阶段，企业开始认识到数字化转型的必要性和重要性，也开始理解到底什么是数字化、企业的数字化到底应该怎么做、数字化与信息化如何有效衔接等问题，正纠结于要不要进行数字化转型、怎么转型。管理层尚未制定数字化战略愿景，将数字化置于次要地位。企业高层不发起、不指导或不协调数字化变革。在实践方面，可能有零星的数字新技术的应用，但都不成体系，应用效果有限。

2．数字化探索阶段

数字化探索阶段是数字化转型的初级阶段。在这个阶段，业务部门开始比较广泛地采用点状数字技术，如市场部的数字营销精准投放、销售部的数字看板等，但数字化赋能力度有限，部门之间缺乏沟通协同，业务规划狭隘短视，全局视野和前瞻性思考不足。管理层知道正在进行的数字化变革，但没有数字化转型战略，更没有集中指导或协调数字化转型的计划。数字化探索阶段对于培养企业的数字化文化、数字化意识意义重大。一系列的成功实践可以增强员工的数字化转型信心，为后续大规模的数字化建设奠定基础。

3．数字化赋能阶段

第三个阶段是数字化赋能阶段。在这一阶段，管理层将数字化确定为企业的重点战略，企业已经制定了数字化转型路线图并全力实施，同时已经组建了一个数字化团队来领导变革；开始有规划地进行大规模的数字化应用；在数字技术的基础上，利用数字化建模技术进行流程优化、组织调整，并尝试基于数据进行运营的优化，提高运营的集约化水平，最终达到提质增效的目的；在利用数字化技术优化运营的同时，企业还会探索如何利用新技术进行商业模式创新，并通过商业模式的创新倒逼内部流程和绩效机制等的整体优化。

4．数字化创新阶段

第四个阶段是数字化创新阶段。这一阶段数字化转型的重点是商业模式的创新和应用。通过数字化的创新应用，企业较为彻底地实现以用户为中心的内部运营模式和外部商业模式的转型，原来的传统业务经过数字化技术的赋能，产生巨大的价值和效益。企业凭借数字化技术在业界居于领先地位。

5．数字化再造阶段

数字化再造阶段是数字化转型的高级阶段，是传统企业脱胎换骨转化为数字化企业的关键一步。一般有两种类型的再造：一是企业内部与数字化生产力相适应的生产关系的再造，让历史悠久的企业重新焕发青春，使数字化生产力得到充分的释放；二是打破企业边界，以并购、融合、创新等跨界方式实现企业的商业模式再造。采用新的数字化模型，组织改变了原有的商业模式，甚至影响了其所在的行业和其他行业。

当然，对大多数企业来说，数字化转型不会是一条坦途，数字化转型不是一蹴而就的，而是一个逐步深入、长期的变革过程。数字化转型需要结合自身企业的特点，稳步推进。

二、企业财务管理数字化转型的目标

扫描识别技术、电子档案技术、区块链技术已经使大数据时代真正到来。如何将财务核算与财务管理从传统的纸质、线下、独立与分割的模式转变为电子化、集成化、共享化、数字化模式，成为企业需要高度重视并努力建设的战略性课题。总体来说，数字化的企业财务应分步实现以下目标。

（一）档案无纸化

1．建立数字化档案管理体系

企业需要建立数字化档案管理体系，包括数字化档案的采集、整理、存储、检索、利用等环节。这样可以实现档案的集中管理和统一操作，提高档案管理的效率和准确性。

2．选择合适的数字化技术

企业需要选择合适的数字化技术，如扫描仪、电子档案系统等。这些技术可以帮助企业将纸质档案转化为数字化档案，实现档案的自动化处理和分析，提高档案管理的效率和质量。

3．确保数字化档案的安全性和可靠性

企业需要建立完善的网络安全体系，确保数字化档案的安全性和可靠性。这样可以防止档案泄露和遭受攻击，保护企业的核心利益和商业机密。

4．优化数字化档案的利用和共享

企业需要优化数字化档案的利用和共享，建立数字化档案的检索系统和共享平台。这样可以方便员工随时随地查阅和利用档案，提高档案的利用率和协同性。

5．持续优化数字化档案管理体系

企业需要不断优化数字化档案管理体系，定期维护、升级和优化数字化档案管理系统。这样可以确保数字化档案管理体系能够满足企业不断变化的档案管理需求。

（二）财务共享化

1．建立财务共享平台

企业需要建立财务共享平台，将财务管理工作集中到一个平台上，进行集中管理、统一操作和快速处理。这样可以提高财务工作的运行效率，减少人工干预和错误，同时也可以实现数据的自动化处理和分析，提高财务管理的准确性和效率。财务共享平台可以整合各个分支机构的财务数据，进行数据挖掘和分析。这可以帮助企业更好地了解自身的财务状况和市场趋势，为企业的战略决策提供有力支持。财务共享平台可以确保企业的财务操作符合相关法规和标准。通过平台的校验和审核，可以减少违规操作的风险，提高企业经营的合规性。

2．优化财务流程

企业需要优化财务流程，将财务工作按照标准化、流程化的方式进行划分，通过制定标准化的财务流程，规范财务操作流程和流程控制，减少重复工作，降低错误发生的可能性。通过财务共享中心，将各个分支机构的财务处理集中到一起，进行集中式财务处理。这可以提高财务流程的效率和准确性，同时减少不同分支机构之间的信息不对称问题，降低成本和减少人力投入。

3．引入自动化工具

企业可以引入自动化工具，如 RPA（Robotic Process Automation，机器人过程自动化）等，实现财务流程的自动化处理和数据采集。自动化工具可以快速、准确地处理大量数据和信息，避免了人工处理中存在的重复性劳动和错误。这不仅可以减少财务和业务人员的工作量，还可以提高工作效率。

4．加强数据管理和分析

确保数据的准确性、完整性和一致性是财务共享化的基础。企业需要建立数据质量管理体系，包括数据清洗、校验和审核等环节，以减少错误和冗余数据。同时，还需要定期对数据质量进行评估和改进，提高数据的质量水平。财务数据是企业的重要机密，必须得到充分保护。企业需要建立完善的数据安全管理体系，包括数据加密、访问控制、备份恢复等环节，确保数据的安全性、完整性和可用性。同时，还需要对数据进行分类和标记，明确各级数据的访问和使用权限，防止数据泄露和滥用。

5．提高员工素质和技能

企业需要提高员工素质和技能，加强对员工的培训和教育，培养一批具备专业知识和技能的财务人员。这样可以提高财务工作的质量和效率，同时也可以适应数字化时代的新挑战。

6．建立完善的内部控制体系

企业需要建立完善的内部控制体系，加强对财务工作的监督和管理。这样可以确保财务工作的规范化和准确性，同时也可以保护企业的核心利益和商业机密。

（三）业财一体化

企业财务核算系统与企业资源计划（enterprise resource planning，ERP）系统高度融合，进而实现业财一体化。财务核算系统作为企业 ERP 的后台基座，对接 ERP 中台与业务前台系统，快速准确地与中前台数据实现交互，满足不同业态类型的核算要求。

1．梳理业务流程

首先需要对企业的业务流程进行全面的梳理，明确各个业务流程中的数据来源、数据流向以及与之相关的财务数据，从而确定业财一体化的具体实施范围和实施步骤。

2．实现数据共享

将企业的业务数据和财务数据进行整合，打破业务系统和财务系统之间的数据壁垒，实现数据共享。这样可以将企业的业务数据和财务数据统一管理，提高数据的准确性和及时性。

3．建立数据标准

建立统一的数据标准，包括数据定义、数据格式、数据交换标准等，以确保数据的规范化和标准化。数据标准的确立和推广可以使企业的业务数据和财务数据更好地融合在一起，并且大大提高数据的可读性、可操作性和适用性。

4．优化业务流程

通过对业务流程进行优化，减少不必要的环节，提高企业的运营效率。同时，将财务管理工作往前端移，加强事前、事中管控，提高企业的风险防范能力。

5．提高决策支持能力

通过数字化技术，将企业的业务数据和财务数据进行整合和分析，为企业管理层提供更全面、更准确的数据支持，提高决策的精准度和效率。

6．实现自动化处理

通过数字化技术，实现财务和业务的自动化处理，包括数据的采集、整理、核算、分析等环节。这样可以提高工作效率，减少人为错误和漏洞，提高财务管理的效率和精度。

7．加强内部控制和风险管理

通过数字化技术，实现业务和财务的集成和统一管理，加强内部控制和风险管理。同时，通过数据的实时分析和报告，及时发现潜在的风险和问题，提高企业的风险防范能力。

8．支持业务创新和发展

通过数字化技术，更好地掌握市场变化和客户需求，优化商业模式和业务流程，支持企业的业务创新和发展。同时，通过与合作伙伴之间的数据共享和协同工作，促进业务的发展和增长。

（四）财务智能化

1．数据采集自动化

利用数字化技术，实现数据采集的自动化，包括财务数据的自动采集、整理和校验等。这样可以提高数据采集效率和精度，减少人为错误和漏报。

2．数据处理智能化

通过数字化技术，实现财务数据的智能化处理，包括数据的分类、归纳、分析和挖掘等。这样可以提高数据处理的速度和准确性，为企业管理层提供更全面、更准确的数据支持。

3．风险预警与防控

通过数字化技术，实现财务风险的预警和防控，及时发现潜在的财务风险和问题，并采取相应的措施进行防范和控制。这样可以提高企业的风险防范能力，减少财务风险。

4．决策支持智能化

通过数字化技术，实现决策支持的智能化，包括数据的可视化、智能化分析和预测等。这样可以提高决策的精准度和效率，帮助企业管理层更好地把握市场变化和客户需求，制定科学合理的决策。

5．内部控制智能化

通过数字化技术，实现内部控制的智能化，包括对业务流程的自动化监控、风险评估与应对等。这样可以提高内部控制的效率和准确性，减少人为干预和错误，保障企业的合规运营。

6．资源整合优化

通过数字化技术，实现企业资源的整合和优化，包括人力资源、物资资源、信息资源等。这样可以提高资源的利用效率，降低企业的运营成本，提升管理水平。

7．业务创新与发展

通过数字化技术，支持企业的业务创新和发展，包括新产品的研发、新市场的开拓等。这样可以提高企业的竞争力和创新能力，实现企业的可持续发展。

8．跨界合作与协同发展

通过数字化技术，实现跨界合作和协同发展，包括与供应商、客户、合作伙伴等之间的数据共享和业务协同。这样可以提高企业间的合作效率和业务协同能力，实现共同发展和增长。

三、企业财务管理数字化转型的要求

（一）财务管理模式变革

数字经济时代下企业财务管理应不断向精准化方向发展，通过财务管理流程再造等变革，降低企业的财务管理风险，实现财务动态化，使企业财务管控能力得到提升，从而释放更多的流动性资金，促进企业发展。传统财务管理都是事后反映与事后监督，这导致企业财务管理存在滞后性，造成企业经济上的损失，也容易造成会计信息的失真问题，影响企业财务管理效率。

在企业获取和整理信息的过程中，只有体现出信息化、智能化，才能满足企业发展所需要的财务管理需求。通过柔性管理、精细化管理等方式，与企业的发展相匹配、相适应，在企业财务管理形式上不断创新，促进企业高质量发展。

（二）财务人员工作转型

当前，数字经济成为一种新的经济形态，智能技术在财务管理中的渗透和应用逐渐深入，从而改变了以往传统的财务管理方式，降低了人们工作难度，有效地节省了工作时间，使得财务人员的工作重点发生了改变，将财务工作重点逐渐转向财务、管理和业务一体化的融合方面。在财务智能化发展过程中，财务人员的作用非常重要。企业对财务人员的要求更加全面。财务人员只有具备扎实的财务风险管理知识，应用好智能化技术，才能作好财务数据的分析和应用，保证财务信息的价值得到充分挖掘与发挥。智能化财务管理的出现，使得基础工作被智能化管理方式代替。财务工作人员只有朝着多元化、复合型的方向发展，才能适应企业的要求。

四、企业财务管理数字化转型的必要性

（一）符合企业转型发展需求

随着数字化技术的不断发展，企业财务管理也需要适应这一趋势，进行数字化转型。数字化转型可以帮助企业更好地应对市场变化，提高运营效率、财务透明度、决策精准度，降低企业运行成本等，从而提升企业的竞争力和创新能力。

数字化技术可以帮助企业实现财务管理的智能化、自动化和精细化，

提高财务工作效率和准确性。例如，通过应用人工智能和机器学习等技术，企业可以实现数据驱动的财务决策，预测产品销售量，优化库存管理和采购管理等。此外，数字化技术还可以帮助企业实现财务数据的实时处理和存储，提高财务数据的分析和挖掘能力，从而为企业决策提供更全面、更准确的数据支持。

企业财务管理数字化转型可以促进企业业务的创新和发展。数字化技术可以帮助企业更好地掌握市场变化和客户需求，优化商业模式和业务流程，支持企业的业务创新和发展。例如，通过引入区块链技术，企业可以实现供应链金融的透明化和可追溯性，提高供应链的安全性和效率。

数字化技术可以帮助企业实现业务和财务的集成和统一管理，加强内部控制和风险管理。数字化技术可以实现对业务流程的自动化监控、风险评估与应对等，从而提高内部控制的效率和准确性。同时，数字化技术还可以帮助企业实现数据的可视化、智能化分析和预测等，提高决策的精准度和效率。

（二）企业决策能力提升的必然要求

数字化转型能为企业提供更全面、更准确的数据支持，可以帮助企业实现财务数据的全面采集、整理和分析，从而提供更全面、更准确的数据支持。这些数据不仅包括财务数据，还包括业务数据和市场数据等，可以为企业决策提供更全面的视角和数据支持。

数字化转型可以帮助企业进行数据挖掘和分析，发现潜在的业务机会和风险。通过对数据的智能化分析和预测，企业可以更准确地把握市场变化和客户需求，提高决策的精准度和效率。

数字化转型可以帮助企业实现业务和财务的集成和统一管理，优化企业决策流程。通过数字化转型，企业可以实现数据的实时处理和报告，使企业决策更加及时、高效和科学。

数字化转型可以促进企业业务创新和发展，可以帮助企业更好地掌握市场变化和客户需求，优化商业模式和业务流程，支持企业的业务创新和发展。通过数字化转型，企业可以引入新的业务模式、新产品和服务，提高企业的竞争力和创新能力。

数字化转型可以帮助企业实现业务和财务的集成和统一管理，加强内部控制和风险管理。数字化技术可以实现对业务流程的自动化监控、风险评估与应对等，从而提高内部控制的效率和准确性。同时，数字化技术还可以帮助企业实现数据的可视化、智能化分析和预测等，提高决策的精准度和效率。

（三）满足智能财务的现实发展需求

数字化技术的深入发展促使企业各项活动不断创新与转型升级。结合当前发展情况，随着数字化发展的持续深入，企业创新能力以及创新深度也需要进行全方位提升。以企业财务管理为例，企业财务管理工作在数字化经济的推动作用下，从最初的电算化逐渐向智能化以及数字化方向拓展，提升了企业财务管理效率与质量。

为进一步迎合数字经济发展形势，企业需要主动立足于数字化发展趋势，对企业财务管理进行革新与升级。一方面，着重对企业财务管理内部流程进行信息化变革，并主动从赋能经营以及创造价值等视角，对企业财务管理内容进行创新。另一方面，优化财务智能化管理模式，重新对企业财务系统的生态环境以及组织架构进行定位与优化调整，保障企业财务管理职能可以逐步朝管理型以及价值型方向转变。

（四）数字信息化时代发展的必然要求

目前，我国已经迎来了 5G 时代，加快了 5G 网络的建设速度，同时加强了对数据中心的基础设施建设。财务管理作为企业管理的重要一环，必须适应数字化时代的发展趋势，进行数字化转型，以更好地应对市场变化和客户需求。数字化转型可以帮助企业实现财务管理的智能化、自动化和精细化，提高财务工作效率和准确性。例如，通过应用人工智能和机器学习等技术，企业可以实现数据驱动的财务决策，预测产品销售量，优化库存管理和采购管理等。此外，数字化转型还可以帮助企业实现财务数据的实时处理和存储，提高财务数据的分析和挖掘能力，从而为企业决策提供更全面、更准确的数据支持。企业财务管理数字化转型可以提升企业的综合竞争力。数字化转型可以帮助企业实现财务管理的升级和转型，提高企业的运营效率和市场竞争力。同时，数字化技术还可以帮助企业实现跨界合作和协同发展，加强与合作伙伴之间的合作和协同能力，共同应对市场变化和挑战。

（五）企业资金控制的必然要求

对资金的有效控制，是企业生产经营最基本的过程。企业资金流动运转的效率直接影响企业经营收益的水平。全新的财务管理模式，借助当前数字时代的科技，对财务相关数据资料进行发掘，可以获得具有市场价值的相关信息资料，再凭借科学合理的分析手段，对当前市场进行评估预测，能够为企业投资提供可靠的数据参考资料。帮助企业管理层对资金运转进行有效规划，从而提高资金经营收益，降低成本，有效实现企业资金经营的管理控制能力的提升。

（六）企业建立财务数字化机制的必然要求

传统的企业财务管理的内容，包括常规财务管理过程中的生产经营活动以及企业涉及的项目投资、资金融资收益优化分配、企业资金的计划、项目资金的运筹和监控等方面的财务工作。建立现代财务数字化的科学体系之后，要在原有的财务管理制度和机制上，充分地融合现代化科技，借助最先进的网络计算机的运算和处理系统推动财务管理的数字化运行。一方面，有利于提升企业的综合管理水平，尤其是财务管理水平，有助于企业更加科学有效地进行资金的规划和项目的运筹，从而促进企业生产效率的提高；另一方面，数字化的财务管理能够更加有效地将企业的财务问题通过数字化的信息手段变得更加科学合理，减少企业的财务风险，降低企业的财务管理成本。

（七）财务数字化信息管理系统的科学性

财务数字化是指将企业的财务文字信息、票据图像信息及语音等涉及企业资金的信息，通过现代化的科技手段进行数据化信息处理。这不仅能够及时有效地提升企业的财务管理工作效率和专业水平，而且能降低企业的生产经营管理成本。财务数字化应用系统的管理内容有：第一，使用计算机技术软件将财务数据分析、财务数据评价、财务项目资金决策等进行优化处理，建立企业财务数据库数字化信息中心；第二，使用现代化的电子商务数据技术分析处理软件，将企业的财务风险评估、财务决策预算、财务项目运筹、财务控制监督等，通过财务数字化信息模型进行快速和全面的计算分析，制定出科学有效的财务计划和决策方案；第三，建立企业财务大数据处理中心，涉及企业生产和经营的财务报表、财务电子票据、报销凭证等，都可以通过特定的财务软件进行远程和实时处理，不受时间和地域的限制，形成高效率的财务数字化信息管理体系。

（八）在市场竞争中保持可持续发展的要求

数字经济时代促使市场经济的竞争更加激烈。要在快速变化的市场竞争环境中保持竞争能力，对数字信息的及时掌握是关键。想要提升企业经营管理的数字化、智能化水平，及时获取市场资源，就应该推动财务管理等管理工作的数字化转型。只有尽早掌握全新的科技手段，才能保证企业在数字化经济环境中保持可持续竞争实力。数字化、智能化的财务管理系统能够推动企业对市场信息的高效利用，帮助企业快速占据更多的市场份额，并有效控制企业经营管理和生产销售整体运营过程，促进企业始终保持可持续发展的优势。

（九）企业财务管理升级和人员转型的必然选择

数字化技术已经深入影响到企业的各个业务领域和环节，包括财务管理工作。数字化转型可以帮助企业更好地应对市场变化，提高运营效率、财务透明度、决策精准度，降低企业运行成本等，从而实现企业财务管理的升级和人员转型。

首先，数字化转型可以加快企业财务管理工作的升级。在数字化时代，企业的财务管理工作已经不再是简单的记账、核算和报告，而是需要与业务部门密切合作，参与到企业的战略决策和业务运营中。数字化技术可以帮助企业实现业务和财务的集成和统一管理，将财务管理工作往前端移，加强事前、事中管控，提高企业的风险防范能力。同时，数字化技术也可以帮助企业实现财务数据的自动化采集和处理，提高工作效率和准确性，减少人为错误和漏洞，实现财务管理的升级。

其次，数字化转型可以帮助企业财务管理人员实现转型。在数字化时代，财务管理人员需要具备更高的素质和能力，不仅要掌握财务知识，还需要了解数字化技术、数据分析、业务运营等方面的知识。通过数字化转型，财务管理人员可以更好地掌握市场变化和客户需求，优化商业模式和业务流程，支持企业的业务创新和发展。同时，数字化技术也可以帮助财务管理人员实现数据的自动化处理和分析，提高决策的精准度和效率，从而更好地发挥财务管理的职能。

最后，数字化转型是企业财务管理升级和人员转型的重要推动力。数字化技术可以帮助企业实现数据共享、数据标准化、数据集成和分析等方面的能力提升，从而推动企业财务管理升级和人员转型。同时，数字化技术也可以帮助企业实现跨界合作和协同发展，加强与合作伙伴之间的合作和协同能力，共同应对市场变化和挑战。

第三节　企业财务管理数字化转型的困境

一、财务管理数字化系统不健全

（一）缺乏完备的财务共享中心

企业要想加快财务数字化建设，必须构建先进的财务共享中心，实现企业经营业务和财务数据的有机结合。但是，当前我国大多数中小企业尚未建立起完善的财务共享中心，严重影响了处理日常财务信息的效率。同时，财务共享中心的不完善，使得企业内部各部门之间的信息交流受限，加大了财务系统运行的难度，尤其是随着数字化经济的持续发展，企业的数字业务交易量显著提升，对财务共享中心的要求也明显提高。

构建科学高效的财务共享中心，是企业财务数字化建设过程中的关键环节。财务共享中心能够最大限度地提高员工处理财务业务的效率，但当前企业普遍面临着缺乏完备的财务共享中心的问题，大大降低了企业财务管理的效率。另外，尽管部分企业开始逐步加强财务共享中心的建设，但是由于实际发展水平的限制以及财务流程设置的复杂性，难以很好地实现财务工作的标准化和规范化。

（二）财务数字化应用场景待挖掘

目前我国人工智能、机器学习技术超前，但财务数字化应用并非简单的技术升级，需要解决将人工智能等技术与财务、业务工作中的实际需求匹配等问题，制订出易操作、好理解、易推广的解决方案，这也说明财务数字化运用场景的挖掘和普及是需要由技术和业务双重驱动的。企业的财务数字化转型通常仅由财务部门或 IT 部门单向主导，缺乏掌握业务、财务技术的复合型人才，对需求的了解不够透彻或者对前沿技术的把握不到位都严重影响了企业财务数字化的应用。通过充分挖掘和利用这些应用场景，企业可以进一步提高财务管理水平和效率，优化资源配置，降低成本和提高经济效益，更好地应对市场变化和风险挑战，实现可持续发展。

（三）财务数字化建设缺乏系统性

财务数字化管理体系的构建是企业财务管理革新发展的关键环节。当前，我国大部分企业在财务数字化建设的过程中，缺乏全局性的规划，导致财务数字化建设缺乏系统性，难以满足企业长期发展的需要。尤其是在信息化的大背景下，越来越多的企业开始尝试财务管理数字化转型，并且在财务管理领域取得了一定的成效，而这也使得企业之间的竞争更加激烈。这种情况下，缺乏系统性的财务数字化建设导致企业只能解决单一部门的财务管理问题，很容易引发财务数字信息系统的失序和混乱，导致企业财务管理难以顺利进行，增加企业的财务管理成本。除此之外，财务数字化建设缺乏系统性，导致企业不具备全局发展观，没能意识到财务数字化建设的重要作用，直接影响对财务数字化体系的资金投入。一方面，企业在财务数字化建设过程中，集中购入了一定数量的计算机、服务器等硬件设备，却忽视了对于各种财务软件的投入，影响了财务数字化建设的效率。另一方面，企业缺乏对于财务管理人员的培训投入，使得财务管理人员在财务软件的综合应用方面存在一定的差距，财务管理专业能力也没能得到充分的提升，直接影响企业财务管理战略转型的效果。

（四）财务管理数字化转型能力较弱

在企业财务管理数字化转型的过程中，往往需要提高财务数据资源开发能力。由于专业技术与协调机制的缺失，尽管在某些程度上实现了数字化的转型，但是对于财务数据背后的价值挖掘能力还比较弱，还无法实现财务共享和财业融合。企业从项目论证、项目立项、项目建设到项目运营等每一个流程都是相对独立的，为了保证项目的安全运营，每一个节点都设计了很多审批环节与复杂流程。这就需要建立统一的协调沟通机制，通过技术手段打通信息的沟通节点，建立数字化共享平台，从而实现业务和财务全流程合作。

（五）财务数据安全风险管控系统不健全

当前我国大部分企业的财务数据安全体系并不完善，企业财务信息网络安全还处于较为薄弱的状况。随着财务数字化建设，在企业运营的过程中，财务系统不可避免地会和外部网络环境保持密切的联系，一定程度上加大了财务数据信息的泄露风险。尽管部分企业设置了相应的财务数据信息保护系统，但是受到实际技术条件的限制，这类保护系统存在很大的漏洞，导致企业财务数据安全风险管控系统并不健全。同时，部分客户的财务数据保密意识较为薄弱，这也是加大财务数据安全风险的重要原因之一。除此之外，企业财务数据安全系统的内部人员的权限设置也存在模糊性，导致部分财务管理人员以权谋私，窃取企业财务数据信息为自己谋私利，极大地增加了财务数据安全风险的管控难度。

二、数字化思想观念不先进

（一）数字化管理思维的转变较难

推进组织数字化转型，首先是转变财务人员的思维观念。在传统思维的影响下，部分财务人员会把相应的监督、输出标准财务会计报告作为企业财务部门的基本职能要求。管理会计领域，无法轻易改变企业财务工作者的思维方式，并不熟悉企业相关业务基本情况和所涉及的价值链的基本运行状态，难以为业务提供有效支撑。因为受到数据不断扩大及外部不确定性因素的影响，企业提升决策的效率与专业性的要求更加迫切。因此，必须转变财务人员的思难观念，增强他们的数字化财务转型意识。

（二）对财务数字化建设认识不足

当前我国财务数字化建设面临的显著问题就是相关财务管理人员对财务数字化建设的认识存在一定的片面性。尽管大部分企业逐步开始进行财务数字化建设，但是受到传统财务管理思想的影响，财务管理人员缺乏对财务数字化建设的深层次了解，导致财务管理体系在实际的财务管理运用过程中效果不佳。同时，由于对财务数字化建设的认识不足，财务管理人员没有意识到企业不同部门之间财务信息交流的重要性，导致各部门之间的财务信息流通不畅，缺乏一致的企业发展战略规划。协同机制的缺失使得各部门信息的传递效率低，而且在传播过程中很容易出现财务信息失真的状况，一定程度上阻碍了企业决策效率的优化。由于没能全面地看待财务数字化建设，企业在财务管理的过程中并没有设置统一的数据标准，导致企业财务管理的难度加大，财务数据信息的价值降低，降低了企业财务管理的效率。

（三）没有高度认识到财务数字化转型的必要性

数字化转型是一项系统性工作，需要企业内部各部门的共同推进。在调整过程中，有些员工对数字化不理解、认知度不高，认为只要自己达到部门的要求就是完成工作了，给全面推进财务管理数字化转型造成一定的障碍。同时，转型动力不足，也是现代企业在推进财务数字化转型工作中所面临的困境，认为仅仅是财务部门的工作，在业务推进、数据采集、预算编制等方面，对财务管理支持度不够。

（四）财务管理数字化转型的理念落后

一方面，传统的企业财务管理一直秉承“就数据、谈数据”的理念，偏重于数据的核算，以及对财务数据进行单一化的分析。然而，在数字化转型的背景下，财务管理的方式将是复合化的、多元化的，财务管理不再仅限于对财务数据的核算，而是运用信息技术对收集的各种数据信息进行有效的分析，从而为企业的经营生产提供服务。

另一方面，财务管理数字化转型理念落后还体现在企业管理人员对财务数字化管理转型的认知不够。很多管理者认为企业财务管理数字化转型，就是应用几套财务处理软件来提升效率，而没有意识到数字化转型是对财务管理数据背后的价值进行主动的挖掘与分析。

（五）对财务数字化体系的“连通性”缺乏重视

在网络信息技术不断发展的背景之下，我国企业开始认识到企业财务管理的重要性，对与时俱进的财务信息数字化管理模式有了全新的认知。并且在企业内部进行财务信息精细化管理的要求也在不断提高。绝大部分的现代企业已经从实质性的角度出发，逐渐构建和完善企业内部的财务信息化体系。企业都在积极地建立内部财务信息数字化管理机制，但是重点仅仅停留在数字化体系建立上，对具体的实际运作方法缺乏深入的了解，完全忽略了财务信息数字化管理体系之间存在的相互“连通性”，从而导致企业财务信息数字化管理体系在实际的企业管理过程中呈现出一定的局限性，并且由于各个部门之间财务信息缺乏有效“连通性”，各个部门之间的财务信息数据流通缺乏及时性，很多财务信息滞后于企业决策的需要。对于企业发展来说，“二手”的财务信息数据报表会严重影响企业生产经营中的决策及生产计划的制订，对于企业的长久发展来说是极其不利的。

三、数字化人才缺失

数字化转型，最为核心的就是数字化人才，因为人才属于稀缺资源。因此，数字化转型背景下，传统财务人员在迎来更多工作机会的同时，面临着更大的挑战。财务数据是财务工作中最为核心的内容，财务人员通过财务报表处理财务数据，然而，数字化转型对财务人员的工作思维、工作模式和工作技能提出了新的要求。部分财务人员在思维、视角、技能方面有一定局限性，无法满足企业与社会经济的发展需求。例如，部分财务人员的思维与视野仅仅局限于传统数据上，无法着眼于很多非财务数据信息，也不能为企业的经济决策提供更多有参考价值的信息。很多经济组织在数字化转型的实际工作中，无法找到合适的数据化应用人才。对此，企业应加强财务与信息化建设等综合人才队伍的培训，完善人才激励机制，旨在实现畅通的工作流程，建立新的工作格局和机制。

四、财务数字化转型规划与投入不足

企业管理层对财务数字化转型的重视程度决定了企业财务数字化进程的战略高度、总体预算和员工的转型动力。

首先，许多企业高管将财务的数字化与IT系统升级混为一谈，完全由IT部门主导财务数字化转型，缺少整体规划，难以解决财务实际痛点。财务数字化需要自上而下进行，由企业决策层推进和领导，从实际需求出发，走战略高度足够、规划清晰、循序渐进的改革之路。

其次，企业财务数字化为企业带来的增量效益是隐性且滞后的，但其改革的成本是显性且前置的。当前许多企业维持经营现状尚力不从心，会倾向于减少回报较慢的数字化建设。

最后，许多企业财务数字化转型仅停留在决策层，对战略、愿景、目标没有进行拆解、传导和传递。在此情况下，数字化转型对一线业务及财务人员来说只带来了转型期间双轨制下的增量工作和工作方式转变的难题，看不见效率的提升，从而产生抗拒心理，导致转型难度升级。

五、财务数据的安全隐患

在企业财务管理数字化转型的过程中，很多企业依靠大数据、云计算技术进行财务管理。大型企业拥有自己的数据储存系统，但很多规模较小的企业在使用财务数据时，往往要依靠第三方提供的数据平台。企业在依托第三方数据平台进行财务管理时，难免会留下查询的痕迹，这就会造成企业财务数据的重大安全隐患。外部组织可以通过入侵第三方云平台获取企业的关键财务信息，造成企业核心的财务信息丢失，进而对企业构成威胁。

第四章　智能财务

第一节　智能财务的认识

一、智能财务基础

智能财务是指财务全流程的智能化，包括业财融合理念下的智能财务共享中心、以商业智能为基础的管理会计平台、以人工智能为基础的智能财务平台三大部分。其中，智能财务共享中心是构建智能财务体系的基础。可以说，在智能时代，智能技术与财务结合是企业财务的发展方向，可以帮助企业提速增效。

众多学者和专家提出了自己关于智能财务的观点。彼得·芬格（Peter Fingar）提出了大数据、云计算等技术的应用仍存在较多风险的观点，但他仍认为财务管理由 ERP 系统向智能财务云系统发展是大势所趋。中国最早提出智能财务概念的是上海国家会计学院的刘勤教授。刘勤等认为智能财务是一种新型的财务管理模式，它基于先进的财务管理理论、工具和方法，借助于智能机器和人类财务专家共同组成的人机一体化混合智能系统，通过人和机器的有机合作，完成企业复杂的财务管理活动，并在管理中不断扩大、延伸，进而逐步取代部分人类财务专家的活动。之后，也有不少学者从不同角度对智能财务进行了定义。熊磊分析了管理会计和会计信息化，他认为财务共享对于管理会计信息化具有重要作用，提出了基于云计算的财务共享平台。同时，从云财务发展的动因与可行性两个方面出发，提出云财务的三大内容分别是云财务平台、云财务保障制度、云财务管理会计协同。董静提出在智能时代，会计模式将发生根本性的变革，企业的财务管理可以从战略决策、思维模式、部门职能、数据管理等方面进行变革，从而提高企业的核心竞争能力，创造更高的企业价值。赵悦研究了基于人工智能的企业财务，提出了财务优化的发展方向是财务会计向管理会计过渡、提高人工智能技术的安全性和保密性、大力开发智能财务平台等。

智能财务是一个全新领域并正处于发展阶段，国内外的理论基础相对成熟，国内企业在智能财务方面的具体应用正在逐步发展。

二、智能财务的核心理论

智能财务的核心理论主要包括规模经济、核心竞争理论、业务流程再造、扁平化架构、管理信息系统五个方面。

（一）规模经济

规模经济是指企业由于运营规模的不断扩大，分摊到单位产品的单位固定成本会降低，生产的产品越多，利润就越高，从而提高了生产效率。规模经济说明的是生产规模扩大对生产结果或者收益的影响。当生产规模的扩大比率小于生产结果或者收益增长的比率时，规模收益就递增；而当生产规模的扩大比率大于生产结果或者收益增长的比率时，规模收益则递减。

总体来说，规模经济的发展有三个主要原因：第一，操作流程的分割，即以最少的投入完成任务。第二，专业化的分工。经济学鼻祖亚当·斯密（Adam Smith）提出，同等数量的劳动者通过专业化的分工，可以完成比以往多出许多的工作量，这是由于劳动者的工作效率因专业化的分工而有了大幅提高。同时，进行专业化的分工后，避免了由一项工作转移到另一项工作的时间损失，提高了效率，而且标准的操作流程也能简化工作，使一个人能够完成多个人的工作。第三，大规模的生产。随着个人工作量的提高，单位产品所分摊的固定成本就会下降。通过资源的共享，企业能集中处理多个业务单位的部分业务流程；通过专业化的劳动分工，整合了原来分散的工作任务，员工的专项工作技能得以提高，生产速度加快，提高了工作效率，降低了劳动成本。

（二）核心竞争理论

核心竞争理论认为，企业应该明确自己的核心优势和核心业务。如果某些业务不是企业的核心业务，但对企业来讲也很重要，那么就应该把这些业务流程转移到企业内部的共享中心，从而让企业将更多的财力和物力投入核心业务的开发与发展，创造更多的核心优势，以提高企业的核心竞争力。核心竞争理论强调，企业必须让自己成为行业中的佼佼者和领头羊，成为产业价值链中的某一个环节，特别是关键环节上最有竞争力的一方，这样企业在市场上才有主动权。对于企业来说，任何资源都是有限而重要的，企业不可能在所有的领域拥有相同的竞争力，所以，企业必须认识到自己的优势，集中企业有限的资源投入自己所擅长的部分，把不擅长的事务性流程归集到内部的共享中心去运作，使企业的有限资源得到优化，提高核心竞争力。

（三）业务流程再造

业务流程再造是 20 世纪 90 年代由美国麻省理工学院教授迈克尔·哈默（Michael Hammer）和詹姆斯·钱皮（James Champy）提出的。他们认为，为了飞跃性地改善成本、质量、服务、速度等现代企业运营基础，必须对工作流程重新思考并进行根本性的改革。业务流程再造是把传统的工作流程按照专业分工的原则进行革命性的拆分，然后由多个相对独立的部门来运作，将大量的需要重复处理的业务流程集合起来，进行集中处理，提高运作效率。

（四）扁平化架构

扁平化架构是指打破公司内部组织架构中过多的层次，扩大管理的范围，使得信息和任务能快速、有效地到达执行人员。这样的架构可以使组织更灵活、更敏捷。企业有了扁平化架构，可以灵活、迅速地应对市场和技术等方面的变化。企业应尽力扩大管理的范围，减少纵向的管理层次，使原先分散在各个业务部门的团队架构扁平化，优化组织架构，减少管理层次并减少成本费用的支出。扁平化架构可以使各部门人员行为更统一，信息的收集和处理更快速。

（五）管理信息系统

管理信息系统是利用电子信息技术和计算机技术对企业信息数据进行集中化处理与分析的管理系统，其主要任务是对数据和信息进行收集、整合、分析、处理、共享、维护。管理信息系统是企业集团进行智能财务转型的必要条件。通过应用智能技术，企业管理信息系统会发展得更加智能化，转型成为效率更高的系统性平台，为企业管理决策提供支持。

第二节　智能财务带来的管理变革

近年来，财务管理领域可谓潮流涌动，许多新的管理思想迅速传播开来、落地生根，财务管理者的思维模式和能力结构发生了重大的变化。为顺应时代发展，财务人员应该从审视者的角度，冷静把握这些趋势背后的变化规律，主动适应财务管理变革并与之共同发展。

一、智能时代的财务管理思维

思维模式的转变是财务管理者适应变革，提升自身能力，推动财务升级转型的前提。在传统财务管理中，成本效率优先的思想根深蒂固。在这种导向下，员工容易士气低下。由于长期面对大量高强度、重复性的工作，面对严苛的效率和质量指标要求，员工容易逐渐丧失对工作的主观能动性。在智能时代，财务人员需要转变传统财务管理思维模式。财务人员需要掌握和运用新科学管理思维、柔性运营思维、互联网思维、架构思维等思维方式，并结合实际情况将其运用到日常工作中。

（一）新科学管理思维

新科学管理思维是一种强调将“客体至上的效率哲学体系”“主体至上的行为哲学体系”以及“主客体统一的系统哲学体系”相融合的管理思维。新科学管理思维强调在提升效率、质量，降低成本的同时，关注对员工主观能动性的调动。财务管理者应当具备新科学管理思维，将对员工的关怀、培养及激励提升至和效率、质量、成本并重的地位，注重激发员工的工作激情，从而实现基于员工主观能动性的高绩效结果。

（二）柔性运营思维

传统财务管理模式是典型的以制度为中介，对人的行为和组织的目标进行约束与匹配的模式。这种模式更多基于刚性运营思维。刚性运营需要有稳定、统一，以及可以预测的业务需求。同时，在产品加工过程中，刚性运营一般以规模经济为基础，进行同类业务的大批量作业，强调统一性和标准化，作业完成后要进行质量测试。此运营模式下，员工需要完成单一作业，尽量减小工作差异，没有或者很少进行在职培训。刚性运营能够带来规模、效率下的成本优势，但在实践中，越来越多的企业管理者不断提升要求，他们希望财务具有更大的灵活性，能够应对更为多样和复杂的业务场景。柔性运营思维的应用能够很好地应对日益提升的管理要求。在柔性运营模式下，需求可以多样化，可以具有不可预测性和不确定性。在运营过程中，柔性运营以范围经济为基础，进行大批量、多样化的生产，解决差异性和柔性的自动化处理问题。质量控制方式从事后测试向前期的质量环境建设和质量控制转变。对员工来说，需要从原来的一专一能转变为一专多能，当业务需求发生变化时，能够灵活地进行资源调配。财务的刚性是与生俱来的，也是不可或缺的，这是企业安身立命之本。但财务管理者必须意识到，刚柔并济才是财务管理的主流趋势，培养柔性运营的思维和能力刻不容缓。直观地说，刚性思维模式就像一条直线式的生产线，而柔性思维模式是在这条直线式生产线上进行差异分流处理，同时允许员工进行生产线上的多流程、多环节处理，通过组织的柔性、技术的柔性、流程的柔性带来财务运营的多种可能。

（三）互联网思维

互联网本不是一种思维，但近年来随着移动互联网的兴起，创新商业模式层出不穷，人们在此基础上总结出一套新的思维体系。今天，财务管理的互联网思维并不仅仅指依托互联网技术开展财务的运营，还包括互联网时代的一些新的思维模式。其中，用户思维、社会化思维、平台化思维都是企业在财务管理中可以引入并应用的。

1．用户思维

用户思维在互联网领域体现为长尾效应、参与感以及对客户体验的持续追求。在财务领域，首先需要树立以客户为中心的立场，并将客户的范围从财务领导向业务领导、业务部门员工、公司终极客户进行有层次的拓展。同时，引领客户参与日常的流程、服务及质量改善活动，依托客户的参与感提升财务工作在组织中的价值，并更好地提升运营效率，服务客户。

2．社会化思维

社会化思维在互联网领域体现为社会化媒体的广泛应用及众筹、众包等的出现。社会化媒体（如微信等工具）的出现，使得财务与员工、客户之间的交互更为便利和友好，并在很大程度上提升了客户的满意度。众包的出现，使得财务从物理集中到逻辑集中成为可能，员工不一定要在现场工作，具有广泛数量的中国财会群体可以众包的形式参与财务的运营。

3．平台化思维

平台化思维在互联网领域的技术层面体现为技术资源的整合。财务部门应当构建技术平台，实现业务和财务的对接、企业和供应商的对接、企业和银行的对接，将财务打造成联通各方的平台和供需双方的桥梁。另外，平台化思维也体现为员工个人的平台化，使“人人都是 CEO”的理念深入人心，从而调动员工的积极性。

（四）架构思维

架构思维常常被用于描述一个事物，如组织架构、软件架构。对于财务管理者来说，架构是有层次的。在全局范围内，管理者应关注整个财务部门的业务架构，包括战略、组织、人员、业务流程、运营管理、信息系统等多方面内容。财务部门负责人应当具备相应的架构思维和架构能力，能够从一定的高度去审视财务的运营与发展。

二、智能财务的能力框架

智能财务的能力框架可以从战略财务、业务财务、专业财务、共享财务的组织发展维度，结合财务会计、管理会计的业务维度，以财务数智建设和财务队伍建设作为支撑与保障来综合构建。

（一）战略财务

1．财务战略

从整体视角解读和把握企业战略，是管理者所需要具备的框架思维能力。框架思维能力决定了对企业全局的掌控程度。通过从整体视角解读和把握企业战略，管理者能够更好地掌控企业的全局，确保企业的稳定发展和持续盈利。

在制定财务战略时，管理者需要考虑企业的整体战略、市场环境、竞争状况以及企业的内部资源等因素。通过对这些因素的综合分析，制定出符合企业实际情况的财务战略，包括投资策略、融资策略、资金管理策略等。财务战略不是孤立存在的，它需要与企业的其他战略相互配合，共同支持企业的整体战略。因此，各业务部门需要充分理解和认识到财务战略的重要性，积极配合财务部门的工作，确保企业各项业务的顺利开展。另外，管理者需要合理配置企业的财务资源，包括资金、人力、物力等资源，以确保企业的各项业务能够得到充分的支持和保障。同时，还需要根据市场的变化和企业的发展需求，及时调整和优化财务资源的配置方式，提高企业的竞争力和盈利能力。

2．全面预算管理

全面预算管理是一种对企业资源进行全面配置、协调和规划的管理方式，旨在提高企业的战略执行力和经营效益。企业根据自身的战略目标和经营计划，对各种资源进行全局性的配置、协调和规划，以确保企业的各项业务能够有序、高效地进行。企业首先需要明确自身的战略目标和经营计划，并根据这些目标来确定全面预算管理的具体目标。这些目标通常包括销售额、利润率、成本、现金流等关键指标。根据确立的预算目标，企业需要进行全面的预算编制。这包括对各项业务活动的预算安排，如成本预算、销售预算、研发预算等。同时，还需要对企业的财务状况进行全面的预测和分析，以制定合理的资金预算和资产负债表预算。在预算执行过程中，企业需要对各项业务活动进行严格的控制和监督，以确保预算目标的实现。同时，还需要根据实际情况对预算进行及时的调整和修正，以适应市场环境的变化和企业发展的需要。最后，通过对预算执行结果的评价和考核，企业可以了解各业务部门和员工的业绩表现，并根据考核结果进行奖惩和激励。这有助于提高员工的工作积极性和企业的整体绩效。

3．资本运作

资本运作是指使用金融工具对企业资本进行整体配置，进而推动企业资产优化和调整，达到资本结构的最优，具体包括资本市场运营、资本融资、资产重组、市值管理与规范运作、产融结合。

（1）资本市场运营。企业通过对资本市场的分析和研究，了解市场的走势和投资者的偏好，进而制定相应的市场策略和营销手段，以提高企业的市场影响力和竞争力。

（2）资本融资。企业通过发行股票、债券、资产证券化等方式进行融资，以满足企业的资金需求和资本结构调整的需要。同时，还可以通过并购、重组等方式引入战略投资者，实现企业规模的扩张和产业结构的调整。

（3）资产重组。企业通过对现有资产进行重组和优化，提高资产的利用效率和盈利能力。这可以通过兼并、收购、剥离等方式实现，帮助企业实现资源的优化配置和产业结构的调整。

（4）市值管理与规范运作。企业通过有效的市值管理和规范运作，提高企业的市场价值和投资者回报。这包括制定合理的股利分配政策、信息披露制度、公司治理结构等，以树立良好的企业形象和信誉。

（5）产融结合。企业通过将产业和金融有机结合，实现产业和金融的深度融合和发展。这可以通过建立产业基金、投资银行、保险公司等方式实现，帮助企业实现多元化的发展。

资本运作的核心在于通过对企业资本的全面配置和优化，实现企业资产结构的优化和调整，提高企业的竞争力和盈利能力。同时，资本运作还需要注意风险管理和合规性，确保企业的运作符合相关法规和市场规则的要求。

4．经营分析

经营分析是财务和业务融合的核心价值之一，其通过对业务经营的分析找到不足并提出建议，实现对决策的支撑作用，具体包括经营分析报告、关键绩效指标（Key Performance Indicator，KPI）体系、绩效考核和重大项目管理。

（1）经营分析报告是企业财务和业务部门合作的重要成果，它通过对企业各项业务的深入了解和分析，以报告的形式呈现企业的经营状况、存在的问题及改进建议。这些报告通常包括企业的财务状况、市场表现、客户满意度、生产效率、成本结构等方面的信息，为管理层提供全面、客观的经营情况分析和决策建议。

（2）关键绩效指标体系是经营分析中的重要工具，它通过对企业战略目标的分解和量化，选取关键的业务指标，形成一套科学、完整的绩效评价体系。这些指标不仅包括财务指标，如收入、利润等，还涵盖了非财务指标，如客户满意度、市场占有率、产品质量等，从而能够全面地衡量企业的绩效和价值创造。

（3）绩效考核是经营分析中与关键绩效指标体系紧密相连的部分，它通过对各项业务指标的考核和评价，将企业的战略目标转化为具体的业绩要求，为员工的激励机制和职业发展提供依据。绩效考核的结果通常与员工的薪酬、晋升、奖励等挂钩，有助于激发员工的工作积极性和创造力。

（4）重大项目管理是经营分析中针对企业重大项目的专门分析，它通过对重大项目的全过程管理，从项目的立项、实施到验收，进行深入的跟踪和分析，确保项目的顺利推进和成功实施。通过对重大项目的分析，企业可以发现项目管理中存在的问题和不足，提出改进措施和建议，提高企业的项目管理能力和综合竞争力。

5．财务风险控制

财务风险控制是指对业务过程中的重大风险进行识别，并采取相应的预防措施，保障业务风险可控，具体包括财务合规控制、重大财务风险控制、重大经营风险预警和财经纪律监督。

（1）财务合规控制是财务风险控制的核心，是指企业在进行各项业务活动时，必须遵守国家法律法规、行业标准和企业的内部规章制度，确保企业的财务行为合法、合规。财务合规控制包括财务报告的准确性、税务处理的合法性、资金使用的合规性等方面，它是企业持续经营和健康发展的基础。

（2）重大财务风险控制是财务风险控制的重要环节之一，它是指企业对于可能对财务状况产生重大影响的潜在风险进行识别、评估和控制。这些风险包括市场风险、信用风险、流动性风险等，企业需要建立完善的财务风险管理制度，对风险进行有效的监控和防范。

（3）重大经营风险预警是财务风险控制的另一重要环节，它是指企业通过对业务过程的监控和评估，及时发现并预警可能对经营产生重大不利影响的潜在风险。这些风险包括战略风险、操作风险、法律风险等，企业需要建立完善的重大经营风险预警机制，及时采取措施防范和控制风险。

（4）财经纪律监督是财务风险控制的重要手段之一，它是指对企业财经纪律的执行情况进行监督和检查，确保企业的财经活动符合国家法律法规和内部规章制度的要求。财经纪律监督包括对企业会计制度、财务管理制度、内部控制制度等的执行情况进行监督和检查，对于发现的问题及时进行处理和纠正。

（二）业务财务

1．工程财务管理

工程财务管理是指建立贯穿工程项目建设前期管理、实施阶段、竣工阶段、项目后评价阶段全过程的管理体系与规范，具体包括立项评估、工程成本核算、执行情况汇总和投后评价。

2．供应链财务管理

供应链财务管理是指将供应链财务与业务紧密结合，对采购、生产、营销等业务环节提供财务支撑和优化建议，具体包括采购财务管理、生产财务管理、库存财务管理和营销财务管理。

3．海外财务管理

海外财务管理是指针对不同国家和地区制定相应的财税政策，满足当地的监管要求并建立适应海外业务的财务模式，具体包括海外财税政策和海外财务管理。

4．业财一体化

业财一体化是指建立业财融合一体化运行的流程和业务流、信息流、资金流三流合一的信息系统，具体包括业财一体化流程和业财一体化信息系统。

（三）专业财务

1．健全并统一财务报告体系

健全并统一财务报告体系，不断提高企业财务规范化、标准化、自动化水平和会计信息质量，具体包括财务标准化、财务核算自动化、会计报告、管理会计报告和全维度分析。

2．司库/资金管理

司库/资金管理以现金流合规、安全、高效为核心目标，强化信息归集、动态管理和统筹调度，实现资金的高度集约管理和动态监控，具体包括资金集约管理、融资管理、现金流管理、委贷与担保、资金信息系统管理。

3．税务管理

税务管理是指通过强化税务风险防控和税务管控评价机制，实现分业务、分流程、分税种的精细化管理，具体包括税收政策研究、税收筹划、税务风控、境外税务管理和税务评价。

4．资产管理

资产管理是指实现资产全周期价值管理，不断提高资产保值增值水平，具体包括产权管理、资产分类优化、资产运维、资产减值和资产退出。

5．成本管理

成本管理是指构建成本标准化体系，提升成本管控效能，健全全员、全要素、全价值链、全生命周期成本费用管控机制，具体包括标准成本计划、成本核算、成本控制和成本分析。

（四）共享财务

1．共享中心建设

构建共享中心业务框架并形成覆盖管理、业务、技术的建设方法论，具体包括确定战略定位、明确组织人员分工、梳理业务流程和建设共享信息系统。

2．共享中心运营

服务于共享中心的日常业务，并对业务进行有效监督和指导，具体包括服务水平协议、人员管理、质量管理、服务管理和风险管理。

3．共享中心外包及众包

对供应商和众包资源进行有效管理并获得相应的回报，具体包括外包供应商管理、众包资源管理和众包平台建设。

（五）支撑与保障

1．财务数智建设

财务数智建设是指依托财务系统的高度集成，建立智慧、敏捷、系统、深入、前瞻的数字化、智能化财务，具体包括财务与业务系统集成、财务自动化与智能化处理、财务数据分析与决策、财务信息安全。

2．财务队伍建设

财务队伍建设是指培养一支面向未来的复合型专业人才队伍，具体包括财务人才规划、财务人才选拔、财务人才管理和财务人才评价。

三、智能时代的财务人员

智能时代，新技术的发展影响着社会生产生活的方方面面。在发展过程中，表现出几个突出的特点：

第一是连接。个体之间的连接更紧密和更广泛，个体之间的沟通规则也发生了质的转变。这些不但推动人与人的沟通方式和技术的不断演变及进步，同时也推动物与物之间的数字化连接。物联网的发展极大促进了生产的进步和效能的提升。

第二是多元。多层次数据处理技术的叠加应用促进了对多种数据的收集、整理、存储和建模，大大扩展了可获取和可整理的数据的类型。尤其是新的数据库技术的出现和发展，极大提升了采用传统技术难以进行存储、索引和元数据管理的非结构化数据的治理水平。多元的数字类型使得数据更加混杂，多类型数据和数据处理技术的复杂性成为这一阶段的显著特征。

第三是效率。效率不断提升是所有数字技术的突出特点，比如高速数据传输和超级计算机的发展都体现了数字时代不断提升效率的努力。效率提升的主要表现之一即速度的提升。在当前社会发展阶段，新工艺生产效率的提升、5G 高速通信技术的发展、海量数据的获取和处理速度的加快、生产制造工艺流程的加快等都非常显著，同时也对财务人员的知识和能力提出了新的要求。

（一）财务人员面临的挑战

在智能时代，财务人员和财务工作面临的挑战主要有两类：一是传统财务的数字化转型，主要是由企业整体价值链的数字化转型而导致的财务人员能力结构的转变；二是在业务逻辑、流程、方法都没有本质改变的前提下，新技术的引入而导致的财务运营和操作层面的变化，即业务模式转型。

1．财务数字化转型

在智能时代，财务人员开展业务的逻辑和方式发生了巨大的变化，例如，财务合规性的管理不仅需要关注财务报告的完整性、准确性，以及信息披露的合规性，还需要关注与信息技术相关的流程和规则的合规性。相应地，这类挑战还包括财务分析需要通过新一代的商业智能系统来提升对更大规模和更高频度数据进行处理的能力，尤其是涉及高频交易数据的处理和合规性管理。同时，会计凭证与发票的电子化导致的业务流程规则调整，以及财务档案电子化管理都对财务人员提出了新的要求。

2．业务模式转型

数字技术的进步导致业务模式发生了明显的变化。例如，传统企业将所有财务工作都放在企业层级的财务部，随着信息系统的升级和数据处理能力的提高，大型组织越来越多地采用共享中心和业务财务伙伴的模式，从而创造出一种分离式架构。在这种架构下，共享中心应用信息系统，采用标准化的流程，通过全局或者局部自动化，高效承担了交易性和重复性任务。业务财务伙伴更接近前端业务，能够与利益相关者进行更多互动，以影响组织创造和保留价值的方式。同时，财务专业人员更熟悉业务专业领域，通过对专业的理解和与业务团队的有效沟通将自己嵌入组织，更频繁地与财务部门之外的人员互动，并寻求更直接地影响决策和行动。业务模式转型的挑战还包括：数据治理技术的进步而导致的更加复杂的多元化业务数据融入财务管理和财务分析的挑战；新的沟通工具和协作平台的引入而导致的跨区域、跨文化及跨业务背景的人员协作挑战；新的机器人流程自动化的发展而导致的工作流程优化的挑战；等等。这些挑战都反映了智能时代社会发展的主要特点，即连接、多元和高效。为满足不断发展和变化的社会需要，财务团队需要有足够的组织能力。

（二）财务人员的核心能力

为了应对财务数字化转型和业务模式转型带来的的挑战，财务人员需要重构自己的核心能力。可以从适应财务组织架构变革、重构能力素质模型、提升数字化管理能力三方面入手。

1．适应财务组织架构变革

财务组织架构可以分为战略财务、业务财务、专业财务、共享财务四个维度，各维度的核心能力有所不同。智能时代财务职能的价值点会更加侧重于管理功能，工作围绕支持业务决策展开，沟通、协调、赋能成为数字化背景下财务工作的突出特点。

2．重构能力素质模型

财务人员的能力素质模型需要与核心业务流程相协调。业务流程本身的特点对财务人员的能力素质模型的宽度和深度的影响都很大。例如，咨询服务业的业务流程一般是项目制的短链条流程。在这类业务模式下，财务管理强调的是相对较少的业务步骤的管理深度，所以数字节点较少，但是单个节点包含的信息较丰富。与之相对应，传统加工制造业的业务流程是长链条流程，流程上的节点较多，管理的重心就在于对流程节点的组合和协调。所以，设计财务人员能力素质模型时要充分考虑不同类型的核心业务流程不断迭代和变化的情况。

3．提升数字化管理能力

企业的数字化战略对财务人员的能力素质模型的构建有直接的影响。企业的数字化战略包括整体业务系统架构、数据治理策略、信息系统合规的战略等方向性的政策，这些政策对整个财务系统、财务流程和财务数据的广度与深度都有着很强的规范性及影响力，从而进一步影响财务人员的能力素质模型的广度。同时，企业的数字化程度决定了财务人员能力素质模型的深度，也就是说，数字化的资源和积累是财务人员发挥能力的基础和前提。

（三）财务人员能力构建

从人力资源管理的角度，员工能力包括专业能力、核心能力和领导力。专业能力与具体岗位职能直接相关，是完成工作所需的、偏操作型的能力。与专业能力相比，核心能力较为抽象，是比专业能力更为基础的能力。可以从专业能力中提炼出核心能力，对核心能力的培养有利于专业能力的提升。领导力是与任职者本身联系更为密切的、侧重于处理人与人之间关系的能力。这三种能力构成了财务人员能力素质模型的基本框架。

1．共享财务人员能力构建

共享财务人员的核心能力包括学习能力，即能够快速掌握某一项技能或知识的能力。

共享财务人员的专业能力包括：系统操作能力，即能够快速掌握某个财务系统的能力；系统需求说明能力，即能够向 IT 部门准确表达系统需求并做详细说明的能力；流程优化能力，即能够基于业务与财务流程提出优化点的能力；标准化建设能力，即能够从财务管理维度进行业务梳理，建立财务标准化体系的能力。

共享财务人员的领导力包括沟通能力，即能够与其他相关部门顺畅沟通的能力。

2．业务财务人员能力构建

业务财务人员的核心能力包括分析能力，即能够通过对大量数据的分析，提出有价值的观点的能力。

业务财务人员的专业能力包括：数据分析能力，即能够通过建立合适的分析模型，对大量数据进行分析的能力；提炼、总结能力，即能够从分析结果中提炼、总结有价值的观点的能力；风险控制能力，即能够通过分析发现风险点并提出控制措施的能力。

业务财务人员的领导力包括协调能力，即根据有价值的观点输出，协调各职能绩效管理与资源分配的能力。

3．战略财务人员能力构建

战略财务人员的核心能力包括商业能力，即能够理解商业逻辑，从多种角度思考并推动战略决策的能力。

战略财务人员的专业能力包括：客户画像能力，即能够从财务角度解析企业所面对客户类型与客户需求的能力；投融资能力，即能够发现好的项目，并以最优化资本成功融资的能力；战略制订能力，即能够基于以财务为核心，以其他信息输入为辅助制订战略方案的能力。

战略财务人员的领导力包括影响能力，即能够影响企业战略决策的能力。

四、智能时代高校财务专业的发展

近年来，高等教育的结构性矛盾日益突出，办学同质化倾向严重，尤其是高校毕业生就业难和就业质量低的问题日益突出。在智能时代，企业需求与高等教育的矛盾更为突出，主要体现在：第一，如何以市场需求为导向进行专业设置与建设；第二，如何建设一支适应应用型教学的教学队伍；第三，如何开展深度校企合作，广泛吸收社会优质资源。这些问题相对独立又有密切的联系，解决这些问题不能只依靠高校自身的内部改革，只有内外形成合力，创新求变，形成服务产业转型升级和先进技术转移的人才培养模式才能适应社会经济的发展。

（一）创新课程体系

课程体系是人才培养的根本，进行以提高实践能力为引领的人才培养是解决高等教育与企业需求脱节的重要手段。高校应建立产教融合、协同育人的人才培养模式，实现专业链与产业链、课程内容与职业标准、教学过程与生产过程对接的教育模式，以社会经济发展和产业技术进步带动课程教学改革，合理设置专业基础课、核心课程与实践实训课程，专注培养学生的技术技能与创新创业能力。

目前，大多数高等院校的人才培养基本遵循学科体系进行课程设置，各专业的课程课时、学分及考核方式大同小异，各类专业评估也基本按照统一标准进行。学科型的课程体系普遍被认为是最能让学生构建完整、专业知识体系的方法之一。但实践表明，学科型的课程体系对学生的主动学习能力、基础知识储备要求较高，而且学生对知识的掌握程度取决于教师的授课能力。这种基于学科型课程体系的教学基本上使学习者处于被动学习的状态，学生难以理解课程之间的关联性，难以激发探究式的学习热情。如果学习者的基础薄弱或教师授课水平不高，则容易导致学习者不能完成学业或者学习质量大打折扣。所以，培养应用型人才的课程体系应充分考虑学生个性，在前后课程衔接上更注重培养学生解决实际问题的能力，课程深度与广度的设置以应用技能为本，着重训练学生的应用能力和执行能力。

（二）优化培养模式

随着社会经济的发展，传统的课程体系已不能满足社会对各类人才的需求，导致高校培养出的人才不够“实用”，毕业生无法快速适应工作环境。高校应在人才培养模式方面进行优化探索：一是在充分了解学生学习能力的基础上，打破原有学科型课程体系设置，以市场对人才的需求为出发点，以提高学生专业技术能力为原则进行课程设置，充分落实“以生为本”的教育理念，根据学生的个性特点和学习规律进行课程安排，开展项目式课程、探究式学习、问题导向教学等，引导学生对知识的主动探索。

二是根据用人单位及社会发展需要，基于专业特点合并和改造一部分传统课程，精减课程数量，优化课程大纲，引进前沿课程、创新课程、创业实例等，及时跟进市场对人才的需求，引导学生开阔眼界，让毕业生快速适应工作岗位。三是课程设置兼顾教育规律，在能力培养“够用”的基础上，适当关注学生的继续教育和学历提升，强化学生的基础知识储备，为其在走上工作岗位的后续发展提供保障。

（三）创新教学理念

实践教学对学生的技能培养、创新创造力提升具有很强的实际意义，但目前多数实践课程仍是学生学习完理论课程后进行的验证性、演示性实验，在较为独立的生产实习、毕业设计等实践环节，也因为时间紧张或其他原因导致学生不能完全投入真正的实践教学中。应用型人才培养是否成功在很大程度上取决于学生是否能完全掌握实践内容。高校应加强实践教学体系建设，增加实习实验环境与设备，大力开展双师型队伍培养，通过这些手段不断提升人才培养的质量。

1. 构建相对独立的实践教学体系

在加强实践教学与理论教学相互关系的基础上，根据人才培养方案构建相对独立的实践教学体系。在传统的研究型高等院校教育体系中，实践教学是学习理论知识的辅助手段。而培养应用型人才应设计更为独立的实践教学体系，需要在课程内容、时间安排、授课方式等方面做出更大的改革。例如，在课程内容方面，加大项目式教学的比例，采用工学结合等方式，让学生在“干中学”，在“学中干”；在时间安排上，应更加合理地利用周末、节假日等假期，安排连续的实践活动内容。构建独立的实践教学体系，有助于正确认识实践教学的作用和本质特征，实现真正意义的实践教学。

2. 引导学生对问题的深入理解

在特定专业中先行设置一定的基础实践课程，让学生对专业有初步的感性认识，在实践教师的指导下，学生通过实践课程掌握一定的专业知识后，或用已学的知识不能解决出现的新问题时，就会产生进一步学习的客观动力，想了解“为什么这样做”。当学生进行理论知识学习时，对专业的认识已经不再是感性认识，为学习更深层的理论知识奠定了良好的基础。实践先行的教学体系可以增强学生学习理论知识的兴趣，促进理论知识的获得和技能的掌握。

3．以“第二课堂”为引领，培养学生的实践创新能力

高校应在“第二课堂”和引导学生参加科技竞赛方面加大力度，构建全校、全过程的“第二课堂”育人体系，打造创新创业教育、假期实践等育人平台，开展学科竞赛、科技创新竞赛等应用型人才培养活动，完善“第二课堂”育人体系。发挥科技竞赛对应用型人才培养的促进作用，一是要拓展竞赛项目，丰富竞赛类型，组织多学科、多种类的科技竞赛，调动学生学习理论知识的积极性，促进学生的情境学习、体验学习和主动学习，提高学生的创新力、团队合作能力等；二是要提升竞赛的“含金量”，从要求学生展示知识广度及实操技能向要求学生展现适应社会发展、产业升级、科技进步所需要的前沿知识与复杂能力转变。

（四）深化校企合作

应用型人才培养的重要目的之一就是培养满足社会经济发展需要的人才。企事业单位需要的人才来源于高等院校，订单式培养是解决当下企业用工难与毕业生就业率不高的矛盾的有效手段。但是，订单式培养仅依靠高等院校自身改革是无法实现的。高等院校在双师型师资队伍、实践教学基地和设备等方面都存在不足，教学理念难以通过自身改革进行实质性突破，课程体系仅按学科进行设置无法满足订单式培养的要求。高校应引入企业，扩大高校和企业的产学研合作，把高校的理论优势和企业的实践优势结合起来，培养能够解决工程实践问题的高层次应用型人才。

1．积极探索校企合作新模式

在培养应用型人才的过程中，高等院校是校企合作的责任主体。高等院校应充分发挥育人体系建设优势，与生产单位、研究单位相互配合，按照用人单位的要求，在课程设置、师资建设、实验实训环境建设等方面充分考虑社会需求，开展订单式培养。高校应建设校企联合实践基地，为学生成才、教师培训提供场地与设施；建立有地方政府、行业和用人单位参与的校、院理事会（董事会）机制及专业指导委员会制度，吸收企业专家进入教学指导委员会，优化人才培养方案等。企业也应主动适应校企合作进行人才培养的新常态，将员工岗前培训和终身培训纳入与高校合作办学的范畴，将企业的人才储备与高校的学生教育、师资培养有机结合。

2．大力推广工学结合的教学方式

工学结合的教学方式要求彻底打破传统的学科体系，建立项目、任务

驱动的工作过程课程体系，学生在完成企业项目和任务的同时，会主动学习理论知识。在这样的教学中，企业要与高校进行科技合作，将生产实际内容融入教学，教学内容将不再是抽象、与实际无关的理论性知识，而是与生产实际紧密结合的实践性知识；教学内容也不再是专业性强、难度大的客观现象描述、概念和定律，而是内容具体、易于理解的企业项目和任务。这种校企合作模式才能培养具有丰富的专业知识和良好的实践能力的应用型人才。

智能时代的财务管理变革已经从思维上发生了本质的变化，同时对战略财务、业务财务、专业财务、共享财务的能力提出了更高的要求。智能时代的财务人员要适应这种变化，高校的人才培养模式也要进行相应的调整，形成与智能时代的人才需求相匹配的人才培养模式。

第三节　智能财务的规划与实施

一、智能财务架构

智能财务架构包括系统架构和功能架构。

（一）系统架构

系统架构是指把一个整体切分成不同的部分，由不同角色来完成这些分工，并建立不同部分相互沟通的机制，使各部分能够有机地结合为一个整体，完成这个整体所需要的所有活动。系统架构包括业务架构、应用架构、数据架构、技术架构等，如图 4-1 所示。

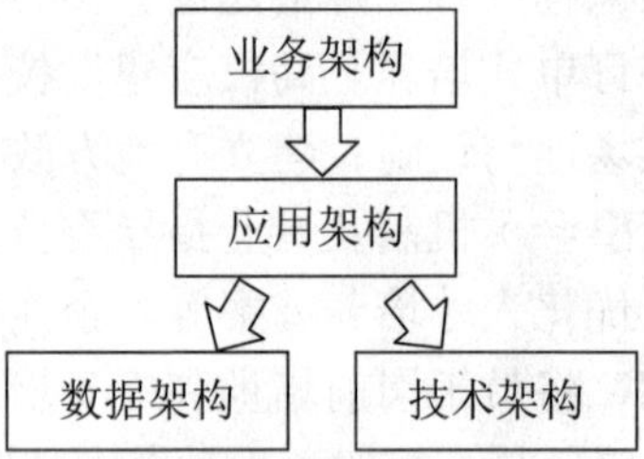

图 4-1　智能财务系统架构

1. 业务架构

业务架构描绘了业务是如何开展的，可以从外部视角和内部视角来认识业务架构。其中，外部视角包括产业链和上下游，上游包括供应商、原材料商、代加工商、物流公司等，下游包括渠道的消费者等；内部视角包括组织架构、经营任务、业务流程等。

2．应用架构

应用架构是描绘支撑业务运转的整个系统中，服务如何进行切分、布局和交互的蓝图。一个良好的应用架构能够提高系统的可扩展性、可维护性，同时也能降低业务风险和开发成本。在应用架构中，服务通常可以根据其在业务中的作用和位置，被划分为不同的类别，如前台应用、后台应用、中台应用和支撑应用等。

3．数据架构

数据架构从数据视角描绘数据从产生到消费的全过程，这个过程涵盖了数据源、数据采集、数据存储、数据处理、数据加工、数据分析、数据应用等。

4．技术架构

技术架构描绘的是技术选型、服务发布管理等内容。在开发流程方面，包括开发、构建、测试、部署、运行等内容；在搭建顺序方面，包括基础设施、基础服务、数据存储、服务实现、负载均衡/网关、协议等内容。

除了上面所说的基本架构之外，系统架构还包括物理架构、运行架构等。下面重点阐述智能财务的功能架构。

（二）功能架构

智能财务的功能架构，以业务层中的多样场景与光学影像等尖端应用技术为支撑，深度展现了智能财务在自动化处理、数据分析和决策支持等方面的整体功能，不仅提升了财务管理的效率和准确性，更为企业在复杂多变的商业环境中提供了强有力的财务智能支持，具体如表 4-1 所示。

表 4-1　智能财务功能架构

业务层	共享中心	财务会计报告	司库/资金管理	税务管理	预算管理	成本管理	管理会计	效绩管理
场景	智能识别	关联交易	自动支付	智能开票	智能预算预测	智能采集	智能管会报告	指标测算
	智能稽核	智能分析	自动对照	智能验真	智能预算控制	智能计算		智能分析

续表

业务层		共享中心	财务会计报告	司库/资金管理	税务管理	预算管理	成本管理	管理会计	效绩管理
场景		智能核算	人机交互	资金计划预测	智能税收预测	智能评价			
		智能风控	语音交互	智能资金调度	智能申报				
		电子发票			智能税收风控				
1	光学影像识别	√							
2	语音识别	√							
3	自然语言处理	√							
4	文本挖掘	√							
5	自动化机器人	√		√	√	√	√	√	√
6	知识图谱	√							
7	机器学习	√	√	√					
8	数据挖掘		√	√	√	√			
9	数据可视化		√	√	√				
10	财务专家系统	√		√	√	√			√
11	物联网						√		
12	云计算		√	√	√			√	
引擎层		流程引擎、规则引擎、会计引擎、图像引擎、数据引擎、人工智能引擎							
数据层		结构数据、非结构数据							

二、智能财务架构的关键要素

智能财务架构包括数据层、引擎层、业务层 3 个关键要素。企业需要关注各要素的特性及相互关系，并对各要素进一步深化管理。具体内容如下。

（一）数据层

数据层包括结构化数据和非结构化数据。结构化数据是定量数据，是能够用数据或统一的结构加以表示的信息；非结构化数据是结构化数据之外的一切数据。在数据层，通过数据采集、数据清洗、数据关联、数据算法和数据应用平台的全流程功能应用，实现支持企业数据价值链管理和全过程智能化场景应用。

（二）引擎层

引擎层属于技术操控平台，可以依据具体的智能化场景灵活调度不同的引擎完成业务流程。可以把引擎层理解为一个翻译器。从具体的业务中抽象出来的引擎有以下几种。

1. 流程引擎

流程引擎是引擎层的重要组成部分，它负责对后台任务进行分流，以实现灵活处理财务工作任务的目标。流程引擎通过定义、解析和管理复杂的业务流程，将各种任务进行分类、分发和处理，确保财务工作的顺利完成。

流程引擎可以灵活地配置和扩展，可以根据不同的业务需求和场景，定义不同的流程模板和任务规则。通过对后台任务进行分流，流程引擎可以将不同的任务分配给不同的处理节点和人员，实现财务工作的自动化、智能化处理。

2. 规则引擎

规则引擎也叫推理引擎，它可降低业务逻辑组件的复杂性，减少应用程序的维护费用和可扩展性组件的成本，与机器学习结合可以应用更多的规则转换功能。

3. 会计引擎

会计引擎通过与前端业务信息系统建立接口，获取前端业务信息系统的业务数据，完成信息输入的翻译，形成业务表，根据业务表的核心数据进行组织映射规则调用，建立凭证模板，自动生成会计分录并推送至会计核算系统。

4. 图像引擎

图像引擎以深度学习为前提，形成高效的图像识别技术引擎，可以统筹处理结构化和非结构化两种不同类型的图像数据，完成图像的提取和存储。

5. 数据引擎

数据引擎是用于存储、处理和保护数据的核心服务，可控制访问权限并快速处理数据的计算，满足企业需要处理大量数据的要求。

6. 人工智能引擎

人工智能引擎可以代替传统的操作流程和规则，实现标准化操作，能够自动化处理许多日常业务操作，通过算法加持可以让日常业务操作更为智能化、高效化和精准化。

（三）业务层

在业务层，业务场景和智能技术的结合构成了智能财务的应用。下面逐一进行阐述。

1. 共享中心

共享中心的智能化应用是最多的，这是由共享业务处理标准化、事务化的特点决定的。其业务场景和智能技术，如表 4-2 所示。

表 4-2 共享中心的业务场景和智能技术

项目	内容
业务场景	智能识别、智能稽核、智能核算、智能风控、电子发票
智能技术	光学影像识别、语音识别、自然语言处理、文本挖掘、自动化机器人、知识图谱、机器学习、财务专家系统

2. 财务会计报告

财务会计报告主要应用于关联交易和智能分析等，同时通过机器学习等技术对企业经营决策提供支撑。其业务场景和智能技术，如表 4-3 所示。

表 4-3 财务会计报告的业务场景和智能技术

项目	内容
业务场景	关联交易、智能分析、人机交互、语音交互
智能技术	机器学习、数据挖掘、数据可视化、云计算

3. 司库/资金管理

司库/资金管理主要应用于资金计划预测和智能资金调度等。利用自动化机器人和机器学习等技术可以提高资金的整体运营效率。其业务场景和智能技术，如表 4-4 所示。

表 4-4　司库/资金管理的业务场景和智能技术

项目	内容
业务场景	资金计划预测、智能资金调度、自动支付、自动对照
智能技术	自动化机器人、机器学习、数据挖掘、数据可视化、财务专家系统、云计算

4．税务管理

税务管理主要应用于智能开票、智能验真和智能税收风控等。利用自动化机器人、数据挖掘等技术可以为企业提供更多的税务优化和管理提升建议，其业务场景和智能技术，如表 4-5 所示。

表 4-5　税务管理的业务场景和智能技术

项目	内容
业务场景	智能开票、智能验真、智能税收风控、智能申报、智能税收预测
智能技术	自动化机器人、数据挖掘、数据可视化、财务专家系统、云计算

5．预算管理

预算管理主要应用于智能预算预测和智能评价等。通过财务专家系统等可以优化企业的资源配置，其业务场景和智能技术如表 4-6 所示。

表 4-6　预算管理的业务场景和智能技术

项目	内容
业务场景	智能预算预测、智能评价、智能预算控制
智能技术	财务专家系统、数据挖掘、自动化机器人

6．成本管理

成本管理主要应用于智能采集和智能计算。利用物联网、自动化机器人技术实现与设备的互联互通，其业务场景和智能技术如表 4-7 所示。

表 4-7　成本管理的业务场景和智能技术

项目	内容
业务场景	智能采集、智能计算
智能技术	物联网、自动化机器人

7．管理会计

管理会计主要应用于智能管会报告。利用自动化机器人和云计算技术可以实现全维数据的综合应用，其业务场景和智能技术如表 4-8

所示。

表 4-8 管理会计的业务场景和智能技术

项目	内容
业务场景	智能管会报告
智能技术	自动化机器人、云计算

8. 绩效管理

绩效管理主要应用于指标测算和智能分析，通过财务专家系统等可以实现企业绩效的追踪和评价，其业务场景和智能技术，如表 4-9 所示。

表 4-9 绩效管理的业务场景和智能技术

项目	内容
业务场景	指标测算、智能分析
智能技术	财务专家系统、自动化机器人

三、智能财务的实施

智能财务是一系列系统性工程，涉及组织、流程、系统等多方面的变革，同时注重实施工作的整体性和系统性。为了保证智能财务实施工作的有序进行，在实施的过程中要采用成熟的实施方法和步骤。所以，需要具体定义工作准备、业务设计、系统构建、上线准备、系统切换、运行支持 6 个具体的实施步骤，再将每个实施步骤细分为关键工作和阶段目标，以保证智能财务能够真正落地实施。

（一）关键工作和阶段目标

1. 步骤一：工作准备

工作准备阶段主要完成项目启动的必要准备和宣传工作，关键工作是成立项目组织，制订工作岗位职责、项目质量保障的各项制度等，确定项目变更控制流程并设置项目总体计划和下一阶段的工作计划。项目的一切工作准备就绪之后，即可确定项目经理，成立项目实施小组，规划项目整体实施方案，组织召开项目启动会，使高层乃至全体员工对项目实施的过程和方法有清楚的认识，同心协力，推进项目实施。工作准备阶段的关键目标如下：

（1）对实施目标、实施策略、里程碑计划达成共识。

（2）建立项目组织，明确成员职责、奖惩制度。

（3）项目实施方案及计划正式执行。

2．步骤二：业务设计

业务设计阶段是项目实施的实质性工作阶段，关键工作是对各单位的具体业务进行调研和分析，进行典型业务差异分析并评估，确定差异解决方案，根据业务实际情况，兼顾个性化需求确定业务设计方案。业务设计阶段的关键目标如下：

（1）帮助用户充分了解智能财务的基本功能。

（2）梳理业务现状，进行差异分析，完成业务设计和确认。

（3）获得全员的认可。

3．步骤三：系统构建

系统构建阶段的关键工作是基于业务需求制订详细的系统配置方案，确定个性化需求的具体实现方式并进行系统开发，同步进行集成测试和最终用户测试，编写详细的操作指引，开展用户操作培训。系统构建阶段的关键目标如下：

（1）构建测试系统，完成集成测试。

（2）完成用户培训，确保业务设计的实现。

4．步骤四：上线准备

上线准备阶段的关键工作是系统上线前的准备工作，即准备数据和开展大量的培训工作，让业务人员真正了解和掌握系统操作方法。上线准备阶段的关键目标如下：

（1）完成生产系统环境的检查。

（2）做好知识转移工作，推动管理制度变革。

5．步骤五：系统切换

系统切换阶段的关键工作是验证新系统业务处理的正确性和业务流程的合理性，制订新系统的各种管理规章制度、运行的业务规范和岗位操作规范，进一步完善系统操作规程，使每个岗位都处于合格状态。系统切换阶段的关键目标如下：

（1）确保系统成功上线。

（2）及时解决系统上线后的问题。

6．步骤六：运行支持

运行支持阶段的关键工作是提供各种现场、远程和在线的技术支持、需求改进与系统优化服务，准备运维所需要的文档资料。运行支持阶段的关键目标如下：

（1）运维交接。

（2）项目完结。

（二）风险管理与控制

智能财务为企业带来了管理效益、经营方面的革新和利润的增长。智能财务实施时，往往需要采用许多新的复杂的技术，引进很多新的管理理念，投入巨额的资金，组织庞大的实施与开发队伍，以及持续相当长的时间等。在此过程中，可能会发生管理变革的冲突、客户满意度降低、技术性能不稳定、系统性能降低、费用超标、进度延迟等问题，这些不确定性因素会带来种种难以预见的后果，有造成失败的风险。企业需要对这些风险进行分类管理并提出应对的措施。

1. 智能财务实施风险管理

概括来说，智能财务的实施风险一般包括技术风险、进度风险及费用风险。具体来看，智能财务实施过程中可能出现如下问题：

（1）智能财务实施的复杂度超过一般项目，如果没有类似的经验作为指导，会走很多弯路，降低项目的预期效益，也会增加实际成本，带来负面影响。

（2）需要建立有效的项目群管理组织并健全协调机制，管理众多项目之间的关系，实现项目成本与项目期限的有效控制。

（3）需要协调好用户的预期和成果，满足项目实施过程中变革管理的需要。

（4）需要有预判能力和领导协调经验，掌控智能财务实施给业务人员带来的影响，通过教育和培训，使业务人员顺利适应新的工作角色。

（5）需要协调好与其他业务应用系统的集成、接口、数据等问题，作到统筹安排，避免因缺乏管理而失去控制。

据统计，智能财务实施过程中和实施后的问题发生概率排名中，排名最靠前的是“项目成本超预算”“项目延期”“与企业管理现状的冲突”“员工对新业务流程的抵触”和“与项目开发和实施的公司的冲突”等5 项。因此，在实施中有效地识别风险、管控风险，保证及时采取预防措施，避免日后进行代价更高的风险补偿行为，已经成为智能财务实施成功的必要条件。

2. 智能财务实施风险控制

为了更好地控制实施风险，智能财务实施风险控制应从以下几个方面入手：

（1）成立一个由企业高层管理人员领导，相关部门的专业骨干人员参与，外部咨询顾问提供协作的高效项目群管理团队。其中，企业高层管理人员的参与是为了保证该团队的执行力和权威性。各部门专业骨干人员的参与，能够使各部门之间协调一致，减少实施的阻力，同时也能发挥内部人员熟悉企业管理模式及业务流程的优势。

（2）在全面分析、评估风险因素的基础上，制订有效的管理方案是风险管理工作成功的关键，它能提升管理的效率和效果。因此，项目群管理团队要负责协调制订翔实、全面、有效的项目实施方案和风险预警机制，其内容应包括项目风险管理方案的制订原则和框架、风险管理的措施、风险管理的工作程序等。

（3）对于实施过程中风险的规避，需要由项目群管理团队进行项目总体协调和指导，按照总体规划的要求，指导具体项目的管理和实施，识别和发现实施过程中的风险与问题，协助提出解决的方案，定期做对比和分析，提出改进意见。

（4）在和实施商合作的过程中，对于可以在合同中明确的，应尽可能详尽明确，包括提供培训和咨询服务的水平及费用、软件费用与实施费用的清晰界定等，避免在项目实施过程中产生矛盾导致项目不能按时完成。

四、智能财务的跨部门协同

随着企业智能化与业务的关系越来越紧密，各行业逐渐达成了共识，即脱离业务单独落实智能化并不能产生价值，只有重视业务的智能化才能提高企业核心竞争力，创造新的产品，为业务带来更高的效率和效益，体现智能化的价值，将智能技术更多地融入新业务，从而形成良性循环。然而，在企业转型过程中，企业如何将智能化与业务恰到好处地融合一直是一个很大的难题。

（一）跨部门协同的难题

大多数业务部门和智能化部门的关系非常微妙，一方面，业务部门认识到智能化部门越来越重要，业务的发展离不开智能化部门的支持；另一方面，业务部门又对智能化部门不是很了解，业务部门对智能化的价值还心存疑虑。当业务停滞的时候，业务部门会把问题推诿到智能化部门，认为是智能化部门没有为业务部门提供支持；而当业务快速发展时，智能化部门的人员却不一定能够得到提升。

（二）跨部门协同的促进

想要解决以上问题，实现业务部门与智能化部门的融合首先要转变传统管理模式，在对基础架构和系统的运行质量进行主动监控的同时，要从真实用户的视角出发，对业务系统的实际支撑环节进行关联和透视，并以此为基础搭建企业业务智能化支撑平台。具体来说，可以从 4 个方面切入，如图 4-2 所示。

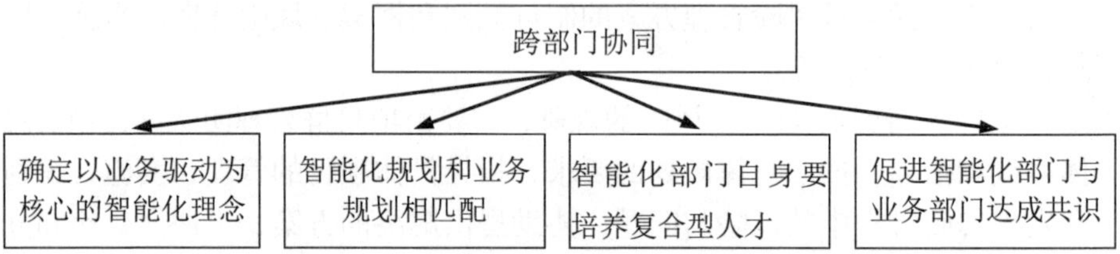

图 4-2　跨部门协同

1．确定以业务驱动为核心的智能化理念

智能化部门要树立以业务驱动为核心的理念，只有这样才能在全企业范围内形成“智能化技术服务于业务发展”的意识和文化，从业务角度对智能化需求的重要性和紧迫性进行分析。这也是实现智能化与业务融合的根本驱动力。

2．智能化规划和业务规划相匹配

企业需要从一开始就制订和业务规划相匹配的智能化规划，其过程通常会涉及定义、确认、制订智能化规划和业务规划应当满足的具体指标。在智能化规划和业务规划相匹配的过程中，要以业务部门为主。

3．智能化部门自身要培养复合型人才

目前，许多企业是在企业的业务发展战略明确以后才聚集智能化人才进行企业的智能化，这样其实为时已晚。因为良性的业务发展是企业在深化业务发展时就安排智能化高级人员参与，并对业务发展过程中的智能化

建设提出建议。因此，从管理层面来看，智能化人员不能只懂技术，而应该是集管理与智能技术于一体，能够理解企业管理理念并和企业各个层面人员进行沟通的复合型人才。

4. 促进智能化部门与业务部门达成共识

工作透明化，避免相互责怪是促进智能化部门与业务部门达成共识的关键一环。其实，出现问题后互相责怪也是智能化部门与业务部门难以融合的关键因素之一。工作透明化，一方面，有利于智能化部门与业务部门之间的沟通，因为透明化的工作可以让大家在沟通时有共同的语言；另一方面，透明化的工作也可以让业务部门和企业高层领导了解智能化部门的工作内容，认识智能化部门的每项工作对业务的支撑作用。

第五章　大数据时代的财务管理

第一节　大数据概述

大数据是现代社会中一个重要的概念，涉及许多方面的应用和发展。在本文中，我们将对大数据进行深度、系统的认识，帮助读者更好地理解这个领域的相关知识和技术。

一、大数据的内涵理解

大数据是一个在科学技术和经济社会等多个领域中有着重要影响的概念。它是指在传统数据处理应用软件难以处理的大规模数据集合。这些数据可能来自各种不同的源头，包括互联网、企业数据、科学实验、传感器等。大数据的出现与发展，不仅对数据处理和分析技术提出了新的挑战，也为我们认识世界和解决问题提供了新的视角和工具。大数据的概念和定义可以从不同的角度来理解。

（一）从技术角度理解

从技术角度来看，大数据是一种在数据规模、产生速度、种类和价值密度等多个方面具有重要影响的概念。它代表了传统数据处理技术难以处理的大规模数据集合，需要采用新的数据处理和分析技术来应对。下面我们将从四个方面深入探讨大数据的四个“V”特征。

1．数据体量巨大（Volume）

大数据的第一个特征是数据体量巨大。随着信息技术的发展和普及，数据的产生、传输、处理和应用都在变得越来越便捷和高效。与此同时，各种应用场景中的数据规模也在不断扩大，从GB级到TB级再到PB级甚至更高级别。例如，社交媒体平台每秒可以产生数百万条的日志数据，而电子商务平台每秒可以产生数千笔的交易数据。这种大规模的数据集合需要采用新的数据处理和分析技术来处理和管理，例如分布式文件系统、分布式数据库和分布式计算等。

2. 数据产生速度极快（Velocity）

大数据的第二个特征是数据产生速度极快。在实时交易、在线流媒体、社交媒体等领域，数据产生和更新的速度非常快，有些甚至可以达到每秒数百万条或数十亿条记录的速度。这种高速的数据流需要采用新的数据处理和分析技术来实时地处理和分析，例如分布式流处理、实时计算和增量学习等。

3. 数据种类繁多（Variety）

大数据的第三个特征是数据种类繁多。大数据包括结构化数据、半结构化数据和非结构化数据等多种类型，而且不同类型的数据之间还存在着复杂的关系。例如，社交媒体平台上的文本、图片、视频和音频等非结构化数据可以反映用户的兴趣、偏好和情感状态；而电子商务平台的商品信息、交易记录和用户评价等结构化数据可以反映市场的趋势和消费者的需求。这种多样化的数据类型需要采用多种数据处理和分析技术来处理、分析和挖掘其中的价值。

4. 数据价值密度低（Value）

大数据的第四个特征是数据价值密度低。相对于传统数据，大数据中的价值密度更低，也就是说，大数据中蕴含的有用。这种低价值密度的数据需要采用更加精细的数据处理和分析技术来提取有用的信息和知识，例如，自然语言处理、文本挖掘和异常检测等。

从技术角度来看，大数据是一种在数据规模、产生速度、种类和价值密度等多个方面具有重要影响的概念。它需要采用新的数据处理和分析技术来应对大规模、高速、多样化的数据集合，并从中提取有用的信息和知识，帮助我们更好地认识世界和解决问题。

（二）从应用角度理解

大数据的重要性主要体现在它提供了一种全新的思维方式和工具，帮助我们更好地认识世界和解决问题。这种新的思维方式，使得我们可以从海量的数据中提取有价值的信息。

首先，大数据可以帮助我们更好地了解用户行为和市场趋势。在当今竞争激烈的市场环境中，企业需要不断地了解用户需求和行为习惯，以便提供更好的产品和服务。通过大数据技术，企业可以收集和分析用户的购买行为、浏览历史、搜索记录等数据，从而深入了解用户的需求和偏好。

这样不仅可以提高企业的竞争力，还可以帮助企业提供更加精准的个性化服务，提升用户满意度。

其次，大数据可以帮助我们更好地了解社会问题和发展趋势。随着社会的发展，各种社会问题不断涌现，政府需要做出及时、正确的决策以应对这些问题。通过大数据技术，政府可以收集和分析各种数据，如人口分布、就业情况、交通状况等，从而更加全面地了解社会问题的现状和发展趋势。这可以帮助政府作出更加科学、合理的决策，提高治理能力和水平。

最后，大数据可以帮助我们更好地了解自然现象和科学规律。科学研究需要基于大量的数据进行分析和研究，以推动科学的进步和发展。通过大数据技术，科学家可以收集和分析各种数据，如天文数据、生物数据、地理数据等，从而深入了解自然现象和科学规律。这可以帮助科学家发现新的科研方向和突破口，推动科学研究的进步和发展。

（三）从发展角度理解

从发展角度来看，大数据不仅仅是一种技术革新，更是一种新的经济增长方式和产业变革。随着信息技术的不断发展和普及，数据的产生、传输和处理变得越来越快和越来越便捷，这为大数据的应用和发展提供了坚实的基础。

首先，大数据的应用范围和领域越来越广泛。无论是金融、制造、物流、医疗、教育等传统行业，还是新兴的互联网、人工智能、物联网等领域，大数据都发挥着越来越重要的作用。通过大数据分析，企业可以更好地了解市场需求、消费者行为和行业趋势，从而更加精准地制定市场策略和产品方案。同时，政府也可以利用大数据提高治理能力和公共服务水平，例如智慧城市、公共安全、环境监测等方面。

其次，大数据还是一个具有巨大潜力的新兴产业。随着数据的不断积累和技术的不断进步，大数据产业的发展前景非常广阔。大数据相关的产业链包括数据采集、存储、处理、分析、可视化等多个环节，其中蕴含着大量的商机和就业机会。越来越多的企业和机构开始投入到大数据的开发与应用之中，不断创新和推出新的产品和服务，进一步推动了大数据产业的发展。

最后，大数据成为推动经济发展的新动力。随着数据的不断积累和技术的不断进步，大数据已经成为推动经济发展的重要因素之一。大数据的应用可以帮助企业更好地了解市场和消费者需求，提高生产效率和产品质量，从而推动经济的发展。同时，大数据还可以为政府制定经济政策提供更加准确的数据支持，帮助政策制定者作出更加科学合理的决策。

大数据是一个在技术、应用和发展等多个方面都有着重要影响的概念。它是一种新的思维方式和工具，也是一种新兴产业和新的经济增长点。为了更好地应用和发展大数据，我们需要深入理解大数据的概念和定义，掌握大数据的处理和分析技术，并不断提高我们的认识和能力。

二、大数据的技术体系

（一）数据采集与预处理

在大数据处理的第一阶段，需要从各种来源采集数据，并对其进行预处理。采集数据时需要考虑数据格式是否规范、数据质量是否符合要求、数据安全性如何保证等因素。不规范的数据格式会导致数据处理和分析结果的不准确，因此需要对数据进行清洗、转换和整合等预处理工作，以提高数据的质量和可分析性。

1. 数据采集

在大数据处理的过程中，数据采集和预处理是第一步，也是至关重要的一步。这个阶段主要任务是从各种不同的来源和渠道采集数据，同时对数据进行必要的预处理工作，以准备进行后续的分析和处理。原始数据来源可能包括内部系统、外部数据库、API 接口、日志文件、传感器等。在这个过程中，需要考虑很多因素，如数据的质量、格式、安全性等。对于数据的质量，需要仔细考虑数据的来源和可信度。一些来源的数据可能存在误差或者不完整，这可能会对分析结果产生不良影响。因此，在采集数据时，需要对数据的准确性进行评估，并尽可能选择高质量的数据源。对于数据的格式，不同来源的数据可能具有不同的格式和结构。为了方便后续的处理和分析，需要对不同格式的数据进行转换和整合，使其统一化和标准化。此外，数据的安全性也是采集过程中必须考虑的重要因素。在采集数据时，需要保证数据的安全存储和传输，防止数据的泄露和篡改。一些常用的方法包括数据加密、访问控制和审计日志等。

2. 数据预处理

数据预处理是数据采集后的重要工作，它的主要任务是对数据进行清洗、转换和整合等操作，以提高数据的质量和可分析性。数据清洗主要包括删除重复数据、处理缺失值、消除噪声和异常值等。这些操作可以帮助提高数据的准确性和可信度，避免因为数据质量问题而影响分析结果。数据转换主要包括数据的类型转换、数据的大小变换、数据的聚合运算等。这些操作可以帮助我们将原始数据转换成适合进行数据分析的格式和类型，提高数据的可分析性。

总的来说，数据采集和预处理是大数据处理和分析的基础，它的质量和效果直接影响到后续处理和分析的结果。因此，在实际应用中，我们需要给予足够的重视，并采取合适的方法和技术来保证数据的质量和可靠性。

（二）数据存储与管理

大数据的存储和管理是整个技术体系的基础，包括分布式文件系统、NoSQL 数据库、关系型数据库等多种技术。分布式文件系统可以提供大规模、高并发的存储访问能力，适合存储大规模的静态数据；NoSQL 数据库则可以支持非结构化数据的存储和查询，具有高性能、高可用性和可扩展性等优点；关系型数据库则可以提供结构化数据的存储和查询能力，具有完整性约束和事务处理等特性。根据不同的应用场景和需求，需要选择合适的存储和管理技术。

1．分布式文件系统

分布式文件系统是大数据存储和管理的基础设施之一，它可以提供大规模、高并发的存储访问能力，适合存储大规模的静态数据。分布式文件系统将数据分散在多个节点上进行存储，并确保数据的高可用性和高可靠性。这种系统常用于存储大规模的日志数据或者备份数据，同时也能够为其他类型的数据提供共享访问能力。一些著名的分布式文件系统包括（HadoopDistributed File System，HDFS）和（Google File System，GFS）等。

2．NoSQL 数据库

NoSQL 数据库是一种新型的数据库，它不同于传统的关系型数据库，能够支持非结构化数据的存储和查询。NoSQL 数据库具有高性能、高可用性和可扩展性等优点，适用于处理大规模的实时数据。它通常采用分布式架构，能够实现数据的自动分片和复制，确保数据的一致性和可靠性。常见的 NoSQL 数据库包括 Apache Cassandra、Apache HBase 和

MongoDB 等。

3．关系型数据库

关系型数据库是一种传统的数据库类型，它能够提供结构化数据的存储和查询能力，具有完整性约束和事务处理等特性。关系型数据库适用于需要高度一致性和事务安全性的应用场景，例如金融、银行和电子商务等领域。在大数据时代，关系型数据库仍然是一种重要的存储和管理技术，但需要根据实际应用场景选择合适的数据库系统，如 MySQL、PostgreSQL 和 Oracle 等。

（三）数据处理与分析

大数据的处理和分析是整个技术体系的核心，包括批处理、流处理、图处理等多种技术。批处理技术可以将大规模数据分批处理，实现高效的数据分析和计算；流处理技术则可以实时处理大规模数据流，并快速响应数据分析和计算请求；图处理技术则可以处理大规模的图数据，并对其进行复杂的分析和计算。同时，还需要使用各种数据分析方法和算法，从大数据中提取有价值的信息和知识，包括数据挖掘、机器学习、统计学等多种方法。

1．批处理技术

批处理技术是一种传统的数据处理方式，它将大规模数据分批处理，每批数据进行一次性的处理和分析，从而实现对整个数据集的高效处理和分析。批处理技术通常使用 MapReduce 模型进行大规模数据的并行处理，它将数据分发给多个处理器进行处理，并将处理结果合并得到最终的分析结果。MapReduce 模型可以处理大规模数据集，并具有高效性和可扩展性。

2．流处理技术

流处理技术是一种实时数据处理方式，它可以实时处理大规模数据流，并快速响应数据分析和计算请求。流处理技术通常使用实时流处理平台进行处理，它可以对实时数据流进行连续处理和分析，并实时输出分析结果。流处理技术适用于需要实时响应的应用场景，如金融交易、网络安全和智能制造等。

3．图处理技术

图处理技术是一种专门用于处理图数据的处理方式，它可以处理大规模图数据，并对其进行复杂的分析和计算。图处理技术通常使用图计算框架进行处理，如 Google 的 Pregel 和 Apache 的 Giraph 等。图处理技术可以对图数据进行高效的遍历、查询和计算，适用于社交网络分析、推荐系统和网络安全等应用场景。

4．数据分析方法和算法

在大数据处理和分析过程中，还需要使用各种数据分析方法和算法，从大数据中提取有价值的信息和知识。这些方法和算法可以根据具体的应用场景和需求进行选择和定制，如数据挖掘、机器学习和统计学等。通过这些方法和算法的应用，可以从大数据中提取出有用的特征和模式，为后续的数据分析和应用提供可靠的依据和支持。

（四）数据可视化与交互

数据可视化与交互是大数据应用中极为重要的环节，它通过将提取到的信息和知识以可视化的方式呈现给用户，使用户能够更加直观地理解和分析数据。同时，通过交互式界面技术，用户可以对呈现的数据进行操作，以便更好地了解数据分析结果和发现隐藏在数据中的规律和趋势。

1．数据可视化技术

数据可视化技术将复杂的数据通过图形、图像、动画等形式呈现给用户。数据可视化技术包括图表、图解、图形、表格等，以及近年来兴起的可视化编程和交互式可视化技术。这些技术可以将大规模、复杂的数据进行可视化处理，使用户能够快速、准确地了解数据的特点和趋势。

在大数据时代，数据可视化技术不仅需要呈现数据，还需要能够处理和分析数据。一些常用的数据可视化工具有 Tableau、PowerBI、FineReport 等，这些工具可以将数据与地理信息、趋势分析、多维分析等相结合，使用户能够更加深入地了解数据。

2．交互式界面技术

交互式界面技术使用户能够对呈现的数据进行交互操作，以便更好地了解数据分析结果和发现隐藏在数据中的规律和趋势。这些技术包括界面设计、交互元素、手势识别、语音识别等。

一些常用的交互式界面技术包括 Web 前端技术、移动端开发技术、数据可视化工具等。这些工具可以通过拖拽、缩放、过滤等交互方式，使用户能够更加灵活地操作数据。同时，还可以通过语音识别技术，使用户能够通过语音来进行数据查询和分析，提高用户的使用体验。

总的来说，数据可视化与交互是大数据应用中不可或缺的环节。通过这些技术可以将复杂的数据以直观易懂的方式呈现给用户，并使用户能够对数据进行操作和分析，以便更好地发现数据的规律和趋势。在大数据时代，这些技术的发展和应用将进一步推动大数据技术的进步和应用范围的扩大。

（五）数据安全与隐私保护

大数据的处理和分析过程中涉及大量的个人和企业数据，因此必须采取相应的安全和隐私保护措施。这些措施包括数据加密、访问控制、脱敏处理等，以确保数据的机密性和完整性。加密算法可以对数据进行加密保护，防止未经授权的访问和泄露；访问控制可以限制用户对数据的访问权限，防止未经授权的访问和操作；脱敏处理则可以将敏感数据进行脱敏处理，避免敏感数据的泄露和滥用。

1．数据加密

数据加密是一种常用的数据安全技术，它可以通过对数据进行加密处理，使得未经授权的人无法获取到数据的真实内容，从而保证数据的机密性和安全性。在大数据处理和分析过程中，可以使用各种加密算法对数据进行加密保护，如对称加密算法和非对称加密算法等。

2．访问控制

访问控制是一种安全机制，它可以根据用户的身份和权限限制其对特定资源的访问。在大数据处理和分析过程中，可以通过访问控制来限制用户对数据的访问权限，从而防止未经授权的访问和操作。一些常用的访问控制技术包括基于角色的访问控制和基于属性的访问控制等。这些技术可以实现对数据的访问控制，保证数据的机密性和完整性。

3．脱敏处理

脱敏处理是一种数据处理技术，它可以将敏感数据进行脱敏处理，从而避免敏感数据的泄露和滥用。在大数据处理和分析过程中，可以使用各种脱敏处理方法对数据进行脱敏处理，如数据去标识化、数据匿名化等。这些方法可以实现对数据的脱敏处理，保证数据的机密性和安全性。

大数据的技术体系涵盖了数据采集与预处理、数据存储与管理、数据处理与分析、数据可视化与交互、数据安全与隐私保护等多个方面。这些技术相互依存、相互促进，共同构成了大数据技术的完整体系，为各行各业的大数据应用提供了强有力的支持和保障。

三、大数据的应用场景

大数据的应用场景非常广泛，涵盖了众多领域和行业。以下是一些主要的大数据应用场景。

（一）金融行业

在金融行业中，大数据被广泛应用于风险管理和投资决策。通过对大量金融数据的分析，金融机构可以更好地了解市场趋势，识别潜在的投资机会和风险。同时，大数据还可以帮助金融机构提高客户分析和精准营销的能力，提高客户满意度和忠诚度。

在金融领域，大数据的应用主要体现在风险管理和投资决策上。通过对大量金融数据的深度挖掘和分析，金融机构可以获得更准确的市场趋势预测和投资机会洞察。同时，大数据还可以帮助金融机构更精确地评估借款人的信用风险，优化信贷配置，降低不良贷款率。此外，通过对客户行为的精细分析和画像，金融机构可以更好地了解客户需求，优化产品设计和服务，提高客户满意度和忠诚度。通过分析用户的消费行为和金融需求，银行可以为用户提供定制化的信用卡和贷款产品。同时，大数据还可以帮助金融机构提高反欺诈能力，快速准确地识别可疑交易和行为，保护客户资产安全。

（二）医疗行业

在医疗领域，大数据的应用主要体现在疾病的预防、诊断和治疗过程中。通过对大量医疗数据的深入分析和挖掘，医生可以获得更准确的诊断结果和更科学的治疗方案，从而提高医疗质量和效率。同时，大数据还可以帮助医疗机构更有效地监测和预警流行病的爆发，以便及时采取防控措施，保障公众健康和安全。通过对病例数据的分析，医疗机构可以发现疾病的治疗规律和影响因素，为后续的治疗提供参考。此外，大数据还可以帮助医疗机构优化资源配置和管理，提高医疗服务效率和质量。例如，通过对医疗数据的分析，医疗机构可以发现医疗服务中的瓶颈和不足之处，有针对性地优化资源配置和管理流程。

（三）电子商务

在电子商务领域，大数据的应用主要体现在用户分析和精准营销上。

通过对用户购买行为、浏览历史和搜索记录等数据的深度挖掘和分析，电子商务平台可以了解用户的消费需求和偏好，为用户推荐更符合其需求的商品和服务。通过对用户数据的分析和挖掘，电子商务平台可以预测未来的销售趋势，提前做好库存管理和采购计划。此外，大数据还可以帮助电子商务平台优化产品定价和促销策略，提高销售业绩和用户满意度。例如，通过对市场数据和用户购买行为的分析，电子商务平台可以制定更科学的定价和促销策略，吸引更多用户购买并提高用户满意度。

（四）交通运输

在交通运输领域，大数据的应用主要体现在交通管理和优化上。通过对交通数据的深入挖掘和分析，可以更好地了解交通拥堵的情况和原因，为交通管理部门提供科学依据和优化建议。同时，大数据还可以帮助交通运输企业更精确地预测运输需求和交通流量，优化车辆调度和路线规划。这不仅可以降低运输成本和提高运输安全性，还可以缓解城市交通拥堵问题。通过对交通数据的分析，可以预测未来的交通流量和拥堵情况，为交通管理部门和交通运输企业提供决策支持。此外，大数据还可以帮助交通运输企业优化运输计划和调度管理，提高运输效率和安全性。

（五）政府管理

在政府管理领域，大数据的应用主要体现在社会管理和公共安全上。通过对社会经济、人口统计等数据的深入挖掘和分析，政府可以更全面地洞察社会发展状况和民生需求，制定更科学合理的政策和措施，有针对性地解决社会问题并提高公共服务水平。同时，大数据还可以帮助政府部门快速准确地了解社会舆情和公众意见，为政府决策提供科学依据和参考。此外，大数据在公共安全领域的应用也日益突出。例如，通过分析公共安全数据，政府部门可以及时发现和掌握恐怖主义、违法犯罪等行为的信息和动向，提高对事件预警和应急处置能力，并有效防范和打击犯罪，保障社会稳定和公共安全。通过分析公共安全数据，政府部门可以实时监测和预警自然灾害事件的发生，并采取有效的应对措施，减少灾害损失。同时，大数据还可以帮助政府部门更好地规划和管理城市公共安全，提高城市治安水平和防范能力。例如，通过对公共安全数据的分析，政府部门可以制定更加科学合理的城市治安管理方案，提高城市治安水平和防范能力。

大数据在各个领域的应用场景都发挥着重要的作用。通过深度挖掘和分析大数据，可以获得巨大的商业价值和社会效益，包括提高工作效率、降低成本、增强创新能力、改善民生等。随着技术的不断发展和应用场景的不断拓展，大数据的应用前景将更加广阔。例如，人工智能、物联网等新兴技术的发展将进一步提升大数据应用的深度和广度。未来，大数据将会在更多的领域和行业中发挥更加重要的作用，为人类社会的发展和进步作出更大的贡献。

四、大数据的发展趋势和挑战

（一）大数据技术的发展趋势

随着大数据技术的不断发展和应用，未来大数据技术将呈现出以下几个主要发展趋势。

1．更高效的数据处理和分析技术

随着数据规模的不断扩大，数据处理和分析的复杂性也开始增加，因此未来将会有更多创新的技术和方法出现，提高数据处理和分析的效率。具体来说，这些技术将包括以下几个方面：

（1）分布式计算框架。分布式计算框架是当前大数据处理的主流框架，未来将会有更多的优化和升级，以提高计算的性能和效率。

（2）并行计算技术。并行计算技术是处理大规模数据的必要手段，未来将会有更多的并行算法和并行框架出现，以提高计算的速度和效率。

（3）数据挖掘和机器学习算法。数据挖掘和机器学习算法是大数据分析的重要手段，未来将会有更多的优化和升级，以提高分析的精度和效率。

（4）人工智能和深度学习技术。人工智能和深度学习技术的不断发展，将推动大数据处理和分析技术的进步。未来将会有更多的深度学习模型和算法被应用到数据处理和分析中，从而更准确、更高效地发现数据中的规律和趋势。

2．更多的数据隐私保护技术

随着大数据应用场景的不断扩展，对数据隐私保护的需求也越来越强烈。因此，未来将会有更多的数据隐私保护技术出现，保护数据的安全性和隐私性，避免数据泄露和滥用。具体来说，这些技术主要包括以下几个方面：

（1）同态加密。同态加密是一种能够对加密数据进行计算的技术，未来将会有更多的同态加密算法被应用到大数据处理中，从而实现数据加密

和计算的同时进行，保护数据的安全性和隐私性。

（2）差分隐私。差分隐私是一种通过添加噪声来保护数据隐私的技术，未来将会有更多的差分隐私方案被应用到大数据处理中，保护数据的隐私和安全。

（3）区块链技术。区块链技术是一种去中心化的分布式数据库技术，未来将会有更多的区块链技术被应用到大数据隐私保护中，通过去中心化的数据存储和智能合约的应用，实现数据隐私保护和数据共享的平衡。

3．更多的智能化应用

智能化是未来大数据应用的一个重要方向。未来将会有更多的智能化应用出现，例如基于机器学习的推荐系统、基于自然语言处理的智能客服等。这些智能化应用将能够利用大数据技术提供的支持，通过机器学习和人工智能技术实现自动化和智能化决策，提高工作效率和智能化水平。同时，这些智能化应用也将为各行业和领域提供更个性化和更高效的服务，从而创造更多的商业价值和社会效益。具体来说，这些智能化应用将包括以下几个方面：

（1）智能推荐系统。智能推荐系统是一种基于大数据分析和人工智能技术的自动化推荐系统。未来将会有更多的智能推荐系统被应用到各个领域中，例如电商、音乐、电影、新闻等行业，通过分析用户的历史行为和偏好，自动推荐相关的产品和服务，提高用户体验和商业价值。

（2）智能客服。智能客服是一种基于自然语言处理和人工智能技术的自动化客服系统。未来将会有更多的智能客服被应用到各个行业中，例如金融、医疗、教育等，通过自然语言处理技术和知识库的支撑，自动回答用户的问题和解决用户的问题，提高客户服务质量和效率。

（3）智能决策支持系统。智能决策支持系统是一种基于大数据分析和人工智能技术的自动化决策支持系统。未来将会有更多的智能决策支持系统被应用到各个领域中，例如金融、医疗、教育等，通过数据分析和挖掘技术，为决策者提供准确可靠的数据支持和分析结果，提高决策的准确性和效率。

（二）大数据面临的挑战

随着大数据技术的不断发展和应用，大数据技术逐渐被广泛认可并应用于各个行业和领域。然而，随着大数据技术的不断发展和应用，大数据技术面临着许多挑战。这些挑战包括以下几个方面。

1．数据质量和准确性挑战

大数据中存在着大量的噪声和无关信息，这些数据会对数据分析的结果产生负面影响，因此如何保证数据的质量和准确性是大数据面临的重要挑战。在实际应用中，需要对数据进行清洗、去重、格式转换等处理，以去除噪声和无关信息，提高数据的质量和准确性。此外，还需要采取一些技术手段，如数据挖掘、数据分类等，以提高数据的准确性和可靠性。

2．数据处理和分析人才短缺

大数据处理和分析需要具备专业技能和经验的人才，而这些人才往往比较短缺。不同领域和行业的大数据处理和分析需要不同的专业技能和经验，因此如何培养和吸引数据处理和分析人才是大数据面临的重要挑战。此外，由于大数据处理和分析的复杂性，需要多个领域的专业人才协同工作，如计算机科学、统计学、数学等领域，这也加剧了人才短缺问题。

3．数据安全和隐私问题

大数据处理和分析过程中涉及大量的个人和企业数据，这些数据的安全和隐私保护是大数据面临的重要挑战。在大数据的采集、存储、传输和使用过程中，需要采取各种数据安全和隐私保护措施，如数据加密、数据脱敏、访问控制等，以确保数据的机密性和完整性。此外，还需要建立健全的数据安全和隐私保护制度，以保障数据的合法权益。

4．数据处理速度和实时性挑战

大数据处理需要快速高效，满足实时性的要求。因此，需要采用高效的数据处理技术和算法，提高数据处理的速度和实时性。这需要针对不同的数据处理需求，选择合适的数据处理技术和算法，并进行优化和改进。同时，也需要加强对数据处理速度和实时性的监控和管理，及时发现和处理问题。

第二节　大数据时代传统财务管理面临的问题

在大数据时代，企业财务管理面临着诸多问题。只有深刻认识和理解这些问题，才能更好地认识和理解大数据对企业财务管理的时代意义，促进企业财务的大数据转型。

一、财务管理体系不完善

在大数据时代，许多企业仍然沿用传统的财务管理模式，缺乏对大数据技术的充分应用和财务管理体系的全面认知，这直接导致了企业财务管理水平滞后，无法适应新时代的发展需求。下面，我们将从以下几个方面对这一挑战进行深度分析与阐述。

（一）企业对于财务管理的重视程度不够

在市场竞争日益激烈的背景下，许多企业更加注重业务发展和市场份额的扩大，将主要资源和精力投入到产品研发、市场推广等方面，而对于财务管理的重要性认识不足。这种状况可能导致企业在运营过程中无法充分发挥财务管理在企业决策和风险控制方面的作用，从而在市场竞争中处于不利地位。企业对于财务管理的重视程度不够，主要表现在以下几个方面。

1．企业高层管理者对财务管理的重视程度不够

在企业的日常经营中，高层管理者通常更加关注市场拓展、产品研发、成本控制等方面，而对财务管理往往只是停留在财务报表的层面。这种状况下，财务管理的重要性和作用往往被忽视，导致企业在作出决策时缺乏准确的数据支持，增加了企业的经营风险。

2．企业财务管理人员的地位和待遇不高

在很多企业中，财务管理人员往往被视为后勤辅助人员，地位和待遇相对较低。这不仅影响了财务管理人员的工作积极性，也导致他们在企业的经营决策中缺乏话语权，无法充分发挥专业能力。

3．企业对财务管理投入的资源不足

很多企业在财务管理方面的投入相对较少，例如缺乏专业的培训和学习机会、软硬件设施投入不足等。这种状况导致财务管理人员无法及时掌握最新的管理方法和技能，难以应对复杂多变的财务和经营环境。

（二）财务管理制度不健全

部分企业的财务管理制度存在漏洞和不合理之处，这严重影响了企业财务管理工作的开展，甚至对企业经营和投资者利益造成损害。下面，我们将对财务管理制度不健全的问题进行深度分析。

1．财务核算流程不规范

财务核算是财务管理的基础工作之一，对于保证财务数据的准确性和可靠性具有重要作用。然而，一些企业的财务核算流程存在不规范的现象，导致财务数据的准确性和可靠性受到影响。具体而言，这些企业可能没有建立完善的财务核算制度，缺乏标准化和规范化的核算流程，导致不同部门和人员的操作方式存在差异，从而影响了财务数据的准确性。另外，一些企业在财务核算过程中缺乏有效的审核和监督机制，容易出现数据错误、遗漏等问题，这也给财务数据的准确性带来一定的影响。

2．内部控制制度不严格

内部控制制度是企业财务管理中重要的一环，对于确保财务信息的真实性和可靠性、预防财务风险具有重要作用。然而，部分企业的内部控制制度存在不严格的问题，例如授权审批制度不完善、内部审计不严格、责任追究不力等。这些问题容易导致财务管理中出现失误和舞弊行为，给企业的经营带来风险。例如，授权审批制度不完善可能导致一些不合理的支出或决策无法得到有效控制，给企业带来经济损失。内部审计不严格和责任追究不力则可能导致企业无法及时发现和纠正财务管理中的问题，从而给企业带来潜在的损失和风险。

3．审计制度不完善

完善的审计制度是保障企业财务管理合规性和有效性的重要手段。然而，一些企业的审计制度存在不完善的问题，例如内部审计机构不健全、审计程序不规范、审计结果不准确等。这些问题容易造成企业财务管理中的漏洞和违规行为无法及时发现和纠正，给企业的经营和声誉带来不良影响。同时，审计制度的不完善也容易导致审计结果的可信度受到质疑，使企业的投资者和利益相关者对企业财务状况的评估产生困难，从而影响企业的经营和发展。

（三）财务管理手段单一

在大数据时代，信息是企业发展和运营的关键资源。然而，很多企业在大数据时代仍然缺乏对大数据技术的应用，使得财务管理手段相对单一。这种现状不仅会制约企业财务管理效率的提升，还可能增加企业的财务风险。具体来说，目前很多企业仍然采用传统的财务管理手段，过分依赖人工核算和处理。这种处理方式不仅效率低下，而且出错率较高，严重影响企业的财务数据处理效率和准确性。此外，由于缺乏对大数据技术的应用，企业的数据分析能力也相对较弱，无法从大量财务数据中提取有价值的信息，及时发现和预警潜在的财务风险。

同时，传统的财务管理手段还存在信息共享不足的问题。企业在处理财务数据时，往往只关注数据的处理和分析，而忽略了与其他业务数据的集成和共享。这就会导致企业无法全面了解和掌握自身的经营情况和市场变化，从而影响企业的决策和发展。

因此，为了提升企业的财务管理水平并降低财务风险，需要积极引入大数据技术，构建现代化的财务管理体系。一方面，建设财务管理信息系统。通过引入先进的信息技术，建设财务管理信息系统，实现财务数据的自动化处理和分析，提高财务数据处理效率和准确性。这样可以使企业的财务管理工作更加高效便捷，减少人为错误和失误。另一方面，强化数据挖掘和分析能力。运用大数据技术对海量财务数据进行挖掘和分析，发现隐藏在数据中的规律和趋势，及时为企业的决策提供有力支持。这可以帮助企业更好地把握市场动态和消费者需求，制定更加科学合理的经营策略。

财务管理体系不完善是大数据时代企业面临的重大挑战之一。为了应对这一挑战，企业需要从提高财务管理重视程度、健全财务管理制度、运用大数据技术等方面入手，不断完善和优化财务管理体系，以提高财务管理的效率和效果，推动企业的可持续发展。

二、财务信息安全风险

在大数据时代，信息成了企业发展和运营的重要资源。然而，随着信息量的不断增加，信息安全风险也随之提高。企业的财务信息作为企业的核心机密，对于企业的发展和运营至关重要。一旦财务信息泄露或被窃取，将对企业造成不可估量的损失。因此，对于企业来说，保障财务信息安全是至关重要的。在大数据时代，很多企业仍然缺乏足够的安全意识，对于财务信息的安全管理重视程度不够。具体来说，存在以下几个方面的问题。

（一）密码设置简单

很多企业在设置密码时过于简单，容易被黑客破解，从而造成财务信息泄露的风险。这种风险不仅涉及企业的财产安全，还可能涉及企业的声誉和商誉。如果密码被破解，黑客可能会利用企业的财务信息进行非法活动，如进行金融诈骗、偷税漏税等，给企业带来巨大的经济损失和法律责任。

为了降低这种风险，企业需要更加重视密码的设置和管理。首先，密码需要足够复杂和安全，包括数字、字母、特殊字符等组合，以增加被破如果密码的复杂性和安全性。此外，密码需要定期更换，一般要求每季度更换一次，以保障密码的安全性和有效性。

（二）权限分配不合理

一些企业在权限分配上存在不合理的情况，部分员工拥有过大的权限，而对其权限管理又不够严格，导致一些不必要的信息被泄露，还可能会引发员工的内部腐败问题。

为了降低这种风险，企业需要更加严格地管理员工的权限。首先，应该合理分配员工权限，各部门员工只拥有其必需的权限，不需要拥有过多的权限。其次，对于重要信息的查询和使用，需要设置严格的审批流程和权限管理机制，以避免信息的滥用和泄露。此外，对于离职员工和新入职员工的权限要及时进行调整和注销，以保障企业信息的安全性和稳定性。

（三）数据备份不及时

数据备份是保障企业信息安全的重要措施之一，如果备份不及时或者备份数据不完整，一旦发生意外情况，就会导致企业数据丢失或者损坏，给企业带来不可估量的经济损失和商誉损失。

为了降低这种风险，企业需要更加重视数据的备份和管理。首先，应该建立完整的备份计划和备份数据管理制度，定期进行数据备份并存放在安全可靠的地方。其次，备份数据的恢复和管理也需要有专门的人员负责和监督，以保障备份数据的安全性和完整性。最后，对于备份数据的存储设备也需要进行严格的管理和维护，以避免设备损坏或者被盗等问题所导致的数据丢失或者损坏的风险。

企业的财务信息安全风险是存在的。为了降低这种风险，企业不仅需要建立健全的财务信息安全管理制度，还需要加强员工的安全意识和培训，提高企业自身的防御能力，同时，政府也需要加强对企业信息安全的监管，确保信息的安全性和稳定性，推动大数据时代的信息安全发展。

三、财务管理人才匮乏

大数据时代的到来对于财务管理人员的素质和能力提出了更高的要求。然而，当前很多企业的财务管理团队存在着人才匮乏的问题，这主要表现在以下几个方面。

（一）具备大数据分析能力的财务管理人才较少

在传统财务管理模式下成长起来的财务管理人员往往只具备简单的财务报表制作和解读能力，他们具备扎实的财务理论知识，熟知财务法规和会计准则，却缺乏对大数据技术的研究和应用能力。他们可能无法有效地利用大数据技术对海量数据进行深度挖掘和分析，无法从这些数据中提炼出有价值的信息，为企业决策提供科学依据。这在很大程度上限制了企业的决策效率和精准性，也影响了财务管理在企业运营中的重要作用。

（二）财务管理人员的职业道德素质需要提高

在现实生活中，部分财务管理人员缺乏必要的职业道德素养，在工作中存在违规操作、弄虚作假等问题。这些行为严重影响了财务数据的真实性和可靠性，给企业的经营带来风险，甚至可能触犯法律，引发严重的法律后果。因此，企业需要关注财务管理人员的职业道德教育，提高他们的道德素质和职业操守，确保财务管理的公正、透明和合法。

（三）财务管理人员的风险意识需要加强

在大数据时代，企业所面临的风险更加复杂和多样化，包括财务风险、市场风险、技术风险等。然而，部分财务管理人员仍然缺乏足够的风险意识。因此，企业需要加强财务管理人员风险意识的培养，提高他们的风险识别和评估能力，以便能够及时采取有效措施应对各种可能出现的风险，确保企业的稳健发展。

大数据时代对于财务管理人员的素质和能力提出了更高的要求，但当前很多企业的财务管理团队存在着人才匮乏的问题。为了应对这些问题，企业需要加强对财务管理人员的培养和教育，提高他们的专业素质、技术能力和道德操守，增强他们的风险意识，以满足大数据时代的发展需求，推动企业的可持续发展。

第三节 大数据与现代财务管理的契合性分析

在企业整体目标的引领下，财务战略作为企业资源配置的决策体系，融合了财产的购置、投资、融资以及管理，大大促进了财务部门对企业业务变化的洞察力。一方面，大数据除了海量数据能为财务管理带来更多的益处外，通过对数据的分析、处理，提取出有价值的信息，为企业的管理、决策带来更有利的支撑条件；另一方面，大数据也对传统的财务系统、财务人员素质提出了更高的要求，企业财务管理在信息的筛选、提取及分析方面要不断加强，提高数据信息的应用能力。

一、大数据契合企业财务管理发展的新需求

（一）财务数据处理和分析方式更加多样

传统的财务管理往往依赖于财务人员或其他较为简单的工具，如 Excel 等进行数据处理和分析。然而，随着大数据时代的到来，企业需要处理的数据量呈现出爆炸性的增长，这使得传统的数据处理和分析方式已经无法满足企业的需求。大数据技术提供了更高效、更精确的数据处理和分析方式，这使得财务管理从烦琐的手工劳动中解脱出来，极大地提高了工作效率和准确性。具体来说，大数据技术可以快速、准确地处理海量的财务数据，提供更丰富的数据处理结果和更准确的预测。通过使用大数据分析工具，企业可以更好地了解其财务状况和经营情况，更好地支持企业的决策。例如，大数据技术可以帮助企业识别财务数据中的异常和趋势，从而更好地进行风险管理和内部控制。

此外，大数据技术还可以提供更精确的财务预测。通过利用大数据技术对市场、用户等数据进行分析和挖掘，企业可以根据市场需求和趋势作出更精确的财务预测，从而更好地制定营销和财务策略。例如，在房地产行业中，通过大数据技术对市场数据进行分析和挖掘，可以更准确地预测房地产市场的走势和风险，从而更好地制定投资策略。

大数据技术的出现使得财务管理从烦琐的手工劳动中解脱出来，提供了更高效、更精确的数据处理和分析方式，从而更好地支持企业的决策。

（二）财务预测的精确性要求不断提升

在传统的财务管理中，财务预测通常基于历史数据进行主观性和经验性的判断。这种方法不仅受到数据质量、完整性和时效性的限制，而且往往存在较大的误差和不确定性。因此，预测的精度和可靠性相对较低，给企业决策带来一定的风险和不确定性。大数据技术的出现改变了这一局面。通过分析和挖掘大量数据，利用机器学习和人工智能等技术，可以对未来的财务状况进行较为精确的预测。这些技术可以帮助我们从海量的数据中提取有价值的信息，发现隐藏在数据中的规律和趋势，从而更好地预测未来的财务表现。例如，通过分析市场趋势、企业销售数据、消费者行为等数据，可以预测未来的销售额、成本和利润等指标。这种预测不仅更加精确，而且可以为企业制订更为合理的财务计划和预算提供重要的参考依据。这样，企业可以更好地应对市场风险，优化资源配置，提高盈利能力，实现可持续发展。

此外，大数据技术还可以帮助企业进行更准确的财务决策。通过分析数据，可以更好地了解企业的财务状况和经营情况，从而作出更加科学、合理的决策。例如，在投资决策中，通过分析目标企业的财务数据和市场趋势，可以评估其未来盈利能力，从作做出更加明智的投资决策。

大数据技术通过提高财务预测的精确性和可靠性，为企业提供了更加科学、准确的决策支持，有助于企业更好地应对市场风险和提高盈利能力。

（三）财务管理范围不断扩大

大数据时代的到来，极大地拓宽了财务管理的范围。在传统财务管理中，主要关注财务报表和财务指标的分析，然而，这已无法满足现代企业的需求。现代财务管理需要更加全面、精细化的管理方式。通过大数据技术，财务管理不再局限于传统的财务报表和指标分析，而是扩展到了更广阔的范围。例如，大数据技术可以对企业的供应链、人力资源等各个领域进行全面的分析和优化。这种转变不仅更好地满足了企业的战略发展需求，还进一步提高了企业的整体运营效率。

在供应链管理方面，通过大数据技术对供应链数据进行深度分析和挖掘，企业可以更加准确地预测市场需求，从而优化库存管理、降低成本。同时，这些数据还可以帮助企业及时发现市场变化，快速调整生产和销售策略，提高运营效率。

在人力资源方面，大数据技术可以帮助企业全面分析员工绩效、人才需求和员工流动情况等数据，从而优化人员配置、提高效率。通过对员工发展和职业规划的数据分析，企业可以更好地了解员工需求，为员工提供更好的培训和发展机会，提高员工满意度和忠诚度。

（四）财务风险的实时监控

传统财务管理中的财务风险监控通常是在事件发生后的“马后炮”，即只能在财务危机发生后才进行控制和补救。这种方式往往无法及时发现和解决潜在的财务风险。这种滞后的反应对于企业来说，无论是经济损失还是声誉损失，都是极其不利的。大数据技术的出现改变了这一局面。通过实时监控大量的财务数据，利用大数据技术可以及时发现和预警潜在的财务风险。例如，大数据技术可以实时监控现金流数据、应收账款数据等，及时发现和应对资金流动风险、坏账风险等。这种实时的监控可以使企业在财务风险发生之前就及时采取措施，避免财务风险的发生或者减小其影响。

此外，大数据技术还可以帮助企业建立更加完善的财务风险预警机制。通过深度分析和挖掘数据，结合企业的实际情况，可以制定出更加精细化的预警指标和预警阈值，使得预警机制更加准确、及时和有效。

（五）加强内部控制和审计

在传统的财务管理中，内部控制和审计主要依赖于人工审查、制度执行等方式进行。这种方式不仅效率低下，而且难以发现潜在的风险点，无法满足现代企业对于风险管理和内部控制的需求。随着大数据技术的不断发展，企业可以更加高效地实施内部控制和审计，提高内部审计的效率和准确性。具体来说，通过对大量数据的分析和挖掘，企业可以发现内部控制的薄弱环节和潜在的风险点。例如，通过对企业 ERP 系统的审计，可以发现数据异常和错误记录等风险点，进而及时纠正。这种大数据技术的应用不仅提高了内部审计的效率和准确性，还可以帮助企业更好地了解和掌握内部控制制度的执行情况，及时纠正和解决潜在的风险，从而更好地保护企业的资产安全和财务稳定。

此外，大数据技术还可以帮助企业加强风险管理。通过对大量数据的分析和挖掘，企业可以更好地了解自身的经营情况和市场趋势，从而制定更加科学、合理的风险管理策略。例如，通过对市场数据的分析和挖掘，企业可以预测未来的市场趋势和风险，从而制定更加稳健的营销策略和风险管理措施。

大数据技术通过加强内部控制和审计，提高了企业内部审计的效率和准确性，促进了企业的内部控制和风险管理水平的提升。这对于企业的稳健发展具有极其重要的意义，也为企业的可持续发展提供了有力的保障。

二、大数据为财务决策提供新的思路

在大数据时代，企业的财务决策过程正面临着空前的机遇和挑战。普华永道的一项调查显示，超过 70%的大型跨国公司高级管理人员认为数据是其最有价值和非常有价值的资产，然而，只有 40%的人表示能够有效地使用这些数据。这种存在于感知数据价值和有效利用数据之间的差距是由多种复杂因素所导致的，其中包括数据的来源不一致、数据的可获取性较差、数据的时效性不足以及数据的准确性较低等。因此，在大数据时代，企业需要不断地提升自身的数据收集、分析和利用能力，积极转变财务管理的思路，才能抓住更多的机遇，应对更多的挑战。

（一）重新审视财务决策环境和思路

在大数据时代，企业的财务决策过程并没有被新的决策模式取代，它仍然是公司发展方向的关键制定者。然而，大数据的理念和技术已经对传统的、依赖于企业管理者个人经验和相关理论进行决策的模式产生了深远的影响。大规模、活性化的数据以及数据收集、分析和利用的能力，已经成为企业核心竞争力的关键来源。这一点在许多方面都有所体现，例如在企业的运营策略、人力资源管理、市场营销策略、产品设计等领域。这些大规模数据的分析结果，常常能够揭示出一些未知的模式和趋势，帮助企业更好地理解市场和用户需求，以及制定更加精准的决策。这也就意味着，与过去相比，企业不再仅仅依靠简单的业务数据和历史数据进行决策。相反，他们正在努力挖掘和利用内外部的各类数据，以获取更深入的洞察和有价值的情报。这些数据可以揭示出市场的动态变化、消费者的需求趋势以及业务流程中的效率问题等。

同时，大数据还可以帮助企业更好地理解其自身的运营情况和财务状况。例如，通过分析企业的销售数据、库存数据、生产数据等，可以对企业的发展策略、市场定位、产品设计和改良等方面进行有效的优化和调整。

因此，在大数据的背景下，企业的财务决策环境和思路已经发生了深刻的变化。企业需要更好地利用大数据的优势，提高决策效率和准确性，从而取得更大的发展成果。

（二）基于数据的财务决策服务导向

企业的运营标准已经发生了显著变化，从传统的以产品制造和销售为主导，转变为更加敏锐和高效地制造产品、提供服务。这不仅要求企业保证生产环节的高效运作，还要求企业具备快速响应市场需求的能力。为了达到这个目标，企业需要不断提升其数据收集和分析的能力，将数据转化为精练信息，并由前台传送至后台。

在这个过程中，大数据技术发挥着至关重要的作用。通过对海量数据的深度挖掘和分析，企业可以获取更准确、更有价值的信息，进而帮助企业作出更好的决策，提高生产效率和市场竞争力。例如，企业可以通过收集和分析消费者行为、购买历史、产品反馈等信息，来预测未来的市场需求和消费者需求。这样，企业就可以更好地制定生产计划和市场策略，提高生产效率，降低成本，提高市场竞争力。

此外，基于数据的财务决策服务导向不仅关注数据的应用和价值，还关注数据的实时性和可靠性。通过大数据技术，企业可以实时地获取和分析市场数据、销售数据等，进而实时调整生产和销售策略。这样，企业就可以更好地适应市场的变化，提高生产和销售的精准度和效率。

以数据为基础推动财务决策服务导向，可以帮助企业更好地实现敏锐快捷地制造产品、提供服务，保证生产环节的高效运作，并使企业成为一个有机整体，实现更好的发展。

（三）利用实时数据进行财务决策风险管理

多源异质化的海量数据来源已经打破了传统的会计信息来源单一、估量计算不准确的情况。这使得企业能够实时地掌握准确的市场情报，并获得准确的投资性房地产、交易性金融资产等公允价值信息。云会计对数据信息具有强大的获取与处理能力，并且一直处于更新的状态。因此，企业可以通过对市场信息的实时监控，及时更新数据信息，从而保证会计信息的可靠性和及时性，有效避免由于信息不畅造成的资金损失。

某服装厂采用了大数据分析工具，以实现对企业内部流程的全面提升。他们不仅实现了全面价格优化和流程管理，还实现了即时分析计算。这种方法使该公司的毛利增加了五个百分点、库存周转率提高了 10%，连续四年实现了经营收入和销售额的增长，公司的经营利润也实现了两位数的增长。该服装厂的成功经验可以归结为以下几点：首先，他们能够充分利用多源异质化的海量数据来源，以便获取更准确的市场情报和公允价值信息；其次，云会计的强大获取与处理能力，使得该厂能够实时监控市场信息，并及时更新数据信息；最后，该厂采用了大数据分析工具，从而实现了全面价格优化、流程管理和即时分析计算。

利用实时数据进行财务决策风险管理可以帮助企业更好地掌握市场动态，提高决策效率和准确性。同时，这也有助于避免因信息不畅而造成的资金损失，从而推动企业的可持续发展。

三、大数据引发财务管理的无边界融合式

（一）无边界融合式财务管理的全新视角

随着信息技术的飞速发展以及管理理念的持续创新，企业的内外部边界正在不断变动，而财务管理的内涵和外延也在日益扩大。进入大数据时代，企业的各个部门都需要针对新的环境变化做出相应的调整或者变革，财务管理也不例外。

在现代化的企业中，根据产品和市场特性，往往会细分为多个业务单元，如何有效地进行资源配置，很难完全依赖经验做出判断。这时，数据分析的重要性就凸显出来了。大数据的独特优势在于其可以基于大量真实的最新业务数据进行计算和预测，通过对信息的深度挖掘和处理，帮助企业根据自身特定需求定制财务决策支持系统，进而为企业提供科学合理的决策建议。

在大数据的帮助下，可以实现财务信息与非财务信息的融合。这样的融合使得财务决策过程更加科学合理，避免了单纯依靠财务信息进行决策可能带来的不可控风险。同时，大数据的便捷性也使得财务信息的提取变得智能化，将资源更好地配置到具有优势的增长领域，从而提高财务处理效率。

无边界管理理念最早由通用电气原 CEO 杰克·韦尔奇（Jack Welch）提出。这个理念并不是指企业真的没有边界，而是强调组织各种边界的有机性和渗透性，主张打破各种隔阂和界限，以谋求企业能够对外部环境的改变作出敏捷并具有创造力的反应。

无边界融合式财务管理是一种全新的财务管理模式，它以企业战略为先导，强调财务应以一种无边界的主动管理意识，突破现有的工作框架和

模式。在这种模式下，财务部门可以在价值链的各个环节与各个部门进行沟通，形成财务与其他各个部门的融合。这种融合能够促进企业整体价值可持续增长。

无边界融合式财务管理将财务理念渗透到生产经营的各个环节，能够打破部门和专业的壁垒，提高整个组织信息传递、扩散和渗透的能力。通过这种方式，企业可以实现资源的优化配置以及价值的最大化创造。

（二）打破财务管理的边界

1. 打破财务管理的纵向管理边界

在传统的企业财务管理中，往往采用一种垂直化的管理结构，即按照职能和职位的不同，将财务管理工作划分成不同的层次和角色，从上至下进行管理和控制。这种管理模式虽然能够保证财务管理工作的规范化和专业化，但也存在着一些问题。一方面，这种管理模式容易导致信息的传递出现失真和延迟，因为信息在传递过程中会受到过滤和加工，从而使高层管理者难以获得第一手信息，无法作出及时准确的决策。另一方面，因为每个层次和职位都有自己的工作重点和任务，容易产生重复工作和资源的浪费。

为了解决这些问题，无边界财务管理提出了打破垂直边界的要求。首先，需要减少财务部门的管理层次，使信息的传递更加直接和快速。其次，需要建立起扁平化的管理结构，使每个员工都有机会参与决策和表达自己的意见，从而增强整个团队的凝聚力和协作能力。最后，需要建立起良好的内部信任和合作关系，使上下级之间能够相互尊重、相互支持、相互信任。只有这样，才能建立起富有弹性的员工关系，营造出一种鼓励创新和自主决策的文化氛围。这种氛围可以激发员工的创造力和潜能，使整个团队更加高效地运转。

2. 打破财务管理的横向管理边界

除了垂直边界外，财务管理工作还存在着水平横向边界。水平边界是指财务部门与其他部门之间的分界线，这种分界线往往是由于不同的职能部门有着不同的目标和职责而形成的。这种分界线可能导致各职能部门只关注自身的利益而忽视企业的整体目标，甚至出现因为争夺资源而内耗不断的情况。

为了解决这些问题，无边界财务管理提出了打破水平边界的要求。首先，需要加强财务部门与其他部门之间的沟通和协作，使企业的各个职能部门能够形成一个协同工作的团队。其次，需要建立起跨部门的工作团队，使不同部门之间的人员能够共同合作、相互配合、共同完成企业的整体目标。最后，可以进行工作岗位轮换等有益的尝试，让员工了解不同部门的工作内容和流程，增强跨部门工作的意识和能力。通过这些方式，将企业的各个职能部门整合起来，形成一个更加协同、更加高效的工作模式。

3. 打破财务管理的外部管理边界

除了内部边界外，财务管理工作还存在着外部边界。外部边界是指企业与外部环境之间的分界线。这种分界线往往是由于企业与外部环境之间的竞争和合作而形成的。过去，企业间的竞争和合作都是以各自利益最大化为目标的。然而，随着全球化和互联网的不断发展，企业间更多的竞争已经不再是斗争，合作成为更好的选择。战略联盟、合作伙伴以及合资经营的发展速度大大超过了以往任何时候，企业单凭自身的力量，已经很难在市场中竞争。因此，我们需要将财务管理的边界进行外部扩展，实现价值链上的财务整合。另外，财务管理部门不仅要关注企业内部的管理和控制，还需要关注企业外部的价值链整合。

通过将相关企业的信息变动纳入财务管理系统实现价值链上的财务整合，可以促进企业与供应商、客户以及其他合作伙伴之间的信息共享和业务协同，降低成本、提高效率并增强企业的竞争力。例如，财务管理部门可以通过与供应商合作，实现采购成本的降低；与销售商合作，实现销售收入的增加；与金融机构合作，实现资金成本的降低等。通过这些方式，可以将企业与外部环境整合起来，形成一个更加协同、更加高效的价值链模式。

4. 打破财务管理的地理边界

随着企业规模的扩大和全球化进程的加快，企业各个分部的地理位置越来越分散，财务部门的分散也随之形成。由于地理位置的限制，企业往往需要设立多个财务部门来满足不同地区的财务需求。然而，这种分散的财务管理模式可能导致资源重复、管理成本高昂，同时也影响了企业的整体战略和协同效应。为了解决这些问题，企业需要打破地理边界，形成一种新的财务管理模式——财务共享服务。财务共享服务是一种将企业各业务单位分散进行的某些重复性财务业务整合到共享服务中心进行处理的新型财务管理模式。通过这种方式，企业可以将有限的资源和精力专注于核心业务，从而降低运营成本、提高服务质量、增强企业创新能力并创造新的竞争优势。

实施财务共享服务有很多优势。首先，它可以降低企业的运营成本。通过集中处理财务业务，企业可以减少财务部门的数量和人员规模，从而降低人力和物力成本。其次，它可以提高企业的服务质量。共享服务中心可以集中处理各个地区的财务业务，突破了地理位置的限制，提高了服务质量和响应速度。再次，它还可以增强企业的创新能力。企业可以将有限的资源和精力专注于核心业务，通过不断创新和改进来提高企业的核心竞争力。最后，它可以帮助企业创造新的竞争优势。通过实施财务共享服务，企业可以更好地实现整体战略和协同效应，从而在市场竞争中获得更大的优势。

为了成功实施财务共享服务，企业需要进行一系列的变革。首先，需要建立完善的共享服务中心来处理财务业务。这需要企业进行全面的业务流程再造和系统集成，以确保共享服务中心能够高效地运转。其次，需要建立完善的管理体系来规范共享服务中心的运营和管理。这包括人员培训、质量监控、服务标准等方面的管理。此外，还需要建立完善的沟通机制来协调不同部门和地区之间的合作。这需要企业建立有效的沟通渠道和协作平台，以确保信息流畅、协同一致。

通过实施财务共享服务，企业可以更好地实现整体战略和协同效应，降低运营成本、提高服务质量、增强创新能力并创造新的竞争优势。因此，越来越多的企业开始关注并实施财务共享服务，以适应全球化背景下的市场竞争环境。

（三）无边界融合式业财融合创新

业财融合，也称为业务财务一体化，是指将财务管理的理念深度融入企业各个业务活动中，借助先进的信息系统进行财务管理。这种创新模式并不仅仅是简单地将财务人员派驻到业务团队中，而是以企业前期的充分信息化建设和复合型人才培养为前提，不断重塑和优化财务流程，对业务全程进行精细化财务管理，并为管理层提供准确、及时的决策支持。同时，通过有效的绩效考核体系对业财团队进行监督和激励。这种创新模式最显著的特点是将财务触角深入到公司经营的各个方面，从供应商选择、采购、生产、销售到客户服务等环节，实现全业务流程的业财联动，确保业务信息和财务信息的实时共享和高效转化。

要进行无边界融合式业财融合创新，企业需要将财务管理目标从单一的利润最大化、股东价值最大化逐步转向综合的企业价值最大化。这意味着企业需要将战略管理与财务管理紧密结合，更加关注财务目标的高度和远度，以及对企业未来发展的长远规划和投资决策。

无边界融合式业财融合创新是现代企业财务管理发展的必然趋势。通过深度融合业务与财务，企业可以更好地应对市场竞争和业务变革带来的挑战，实现资源的优化配置，降低成本，提高效率，增加企业价值以及促进可持续发展。

第六章　财务共享中心

第一节　财务共享中心的内涵

随着世界经济全球化的不断发展，跨国企业间的竞争也是日益激烈。企业间的兼并、合并，以及企业内部的整合等日趋增多，全球经济发展的一体化、企业发展的规模化已成为一种不可逆转的趋势。在这样的背景下，各跨国企业都希望运用更为先进和有效的管理思想和技术手段来增强自身的竞争力，于是纷纷建设财务共享中心，这使财务共享服务得以被广泛运用。

一、财务共享中心概述

财务共享中心的根本任务是为企业提供财务共享服务。具体目标为依托信息技术，以财务业务流程处理为基础，以优化组织结构、规范业务流程、提升工作效率、降低运营成本和创造价值为目的，从市场视角为内外部客户提供专业化生产服务的分布式管理模式。随着经济的全球化，财务共享服务从最初的在制造业领域中应用，逐步向包括生产、消费、投资在内的各个领域扩散，其包含的内容也相应扩大到技术共享、企业管理、资源配置、企业文化等方面。

（一）财务共享中心产生的背景

在经济全球化的背景下，不断产生和发展的跨国企业为了保持其行业领先地位，不断加快步伐，快速地在全球范围内布局。虽然不同的国家和地区在经济、文化、政治等方面都有自己的特点，但是可以通过资金运作、技术共享、劳务输入输出、商品的流通、文化交流等各种途径将企业分散在世界各地的分支机构联系起来，形成一个紧密相连的整体。因此，多数跨国企业就以复制的方法快速而方便地实现了全球扩张。

然而，在不同的国家和地区建立相对一致的分支机构，在人力资源、财务管理、物流控制、原料采购等职能部门的建立上可能会存在着重复性，这无疑会加大公司的成本投入。在竞争愈演愈烈的情况下，企业如何以高效率、低成本来推动跨国集团公司的经营战略成为企业管理机制的一大重要研究课题。

此外，由于分散在不同国家和地区的分支机构，在不同的文化背景和管理方式下可能会使用不同的服务标准、行为准则，造成了整个企业集团内部管理的不一致，从而直接影响了企业的发展步伐。基于公司内部这些支持职能部门在运作模式上的欠缺，越来越多的集团企业管理层意识到必须对其进行变革，使职能部门能够配合企业集团跨国、跨地区经营的运营，并且能推动和更好地发挥其内部支撑的作用，为企业带来更多的价值效益。

在内部和外部因素的双重作用下，共享服务应运而生。同时，信息技术快速发展为财务共享服务的建立提供了技术支持。各种新型管理手段，如企业业务流程重组（BPR）、供应链管理（SCM）、客户关系管理（CRM），以及各种 ERP 系统等被各企业采用，大大地提高了企业推进流程标准化的步伐，从而为财务共享服务的产生和发展提供了基础支持。

（二）财务共享中心的理论基础

财务共享中心的理论，主要基于规模经济理论、核心竞争理论、业务流程再造理论、企业增值理论、服务质量与效率理论，以及扁平化架构理论 6 个方面。

1．规模经济理论

规模经济，是指企业由于运营规模的不断扩大，分摊到每一个单位产品的单位固定成本会降低，即生产的产品越多，利润就越高，从而使生产效率提高。

规模经济理论阐述的是生产规模扩大时对生产结果或者收益的影响。当生产规模的扩大比率小于生产结果或者收益增长的比率时，规模收益会呈现递增趋势；而当生产规模的扩大比率大于生产结果或者收益增长的比率时，规模收益则呈现递减趋势。

产生规模经济的主要原因为：首先是操作流程分割的结果，即以最少的投入来完成任务的执行。其次是专业化分工的结果，即同等数量的劳动者通过专业的分工，可以完成比以往多许多的工作量或生产量，这是由于劳动者的工作技巧因专业而更熟练。同时，在专业化分工后，避免了由一种工作转移到另一种工作的时间损失，提高了工作效率。最后是大规模的生产，随着生产量或者工作量的增加，每一个单位产品所分摊的固定成本会下降。

财务共享中心的建立，通过专业化的劳动分工，整合了原来分散的工作任务，能集中处理多个业务单位的业务流程。在专业化分工的前提下，员工的专业技能得到提升，工作速度加快，从而提高了生产效率，降低了劳动成本。

2．核心竞争理论

核心竞争理论认为企业应该明确自己的核心优势和核心业务。核心竞争力强调的是，企业必须让自己成为产业价值链中的某一个环节，特别是关键环节上最有竞争力的一方，这样企业在市场上才有主动权，成为行业中的佼佼者。

对于企业来说，任何资源都是有限而重要的，企业不可能在所有的领域都拥有相同的竞争力，所以企业必须认识到自己的优势所在，集中有限的资源，投入自己所擅长的领域，而把不擅长的事务性流程归集到内部的共享服务中心去运作。此外，如果某些业务不是企业的核心业务，但对企业来讲很重要，那么也应该把这些业务流程转移到企业内部的共享服务中心去，从而让企业更好地投入核心业务的开发，创造更多的核心优势，使企业的有限资源得到充分利用，提高核心竞争力。

3．业务流程再造理论

业务流程再造理论诞生于 20 世纪 90 年代，是美国麻省理工学院教授迈克尔·哈默（Michael Hammer）和詹姆斯·钱皮（James Champy）提出的。他们认为，为了快速改善成本、质量、服务、速度等现代企业的运营基础，必须对工作流程进行根本性的重新思考并彻底改革，把传统的工作流程按照专业分工的原则进行革命性的拆分，然后由各自相对独立的部门来运作。

财务共享中心的任务，就是将大量的需要重复处理的业务流程集合起来，集中进行处理，提高企业整体的运作效率。

4．企业增值理论

企业增值理论，是指企业在运行过程中集中资源迅速扩张、建立新的业务模式、提高市场占有率，从而使整个企业的价值不断增长。

财务共享中心的设立可以促进企业集团专注于前台业务的开发和发展，其强力的支持职能，可以随时为企业前线业务的开发和发展提供有效的支撑。对于新的业务，企业无须再考虑建立财务、信息系统、人力资源、客户服务等后勤支持部门。

5．服务质量和效率理论

服务质量和效率理论，是指企业应及时、积极地了解服务对象的需求及其反馈，不断改进和提高服务的质量和效率。

财务共享中心设立的目的是集中规模并将相同的工作内容集合在一起，把这些流程操作制定得更标准，分工也更细致，从而使工作更简单。财务共享服务将企业的业务流程进行职能上的细分和相应的工作流程再造，使得每一项细分的工作职能的承担者可以更专业、更有效率地操作，由此为内部工作人员提供更好的服务质量和服务效率。

6．扁平化的架构理论

扁平化的架构理论，指的是打破公司内部组织架构上过多的层次，扩大管理的范围，使得信息和任务能快速有效地下达到执行人员，使得组织更灵活、更敏捷。企业有了扁平化的架构，可以灵活和迅速地应对市场和技术等方面的变化。

财务共享中心可以尽可能扩大管理范围，减少了纵向的管理层次，使原先分散在各个业务部门的团队架构扁平化，优化了组织架构，减少了上下的管理层次，也减少了成本费用的支出。这样的架构使得执行行为更统一，信息的收集和处理更快速。

（三）财务共享中心现状与发展趋势

随着全球经济的迅猛发展和企业竞争的日益加剧，财务共享服务作为一种新型的管理模式，通过将易于标准化的运营业务进行整合、流程再造，以提高效率、压缩成本、提高服务水平，解决了大型企业集团财务组织重复建设和效率低下的问题，顺应了国际特大型企业财务转型趋势，为企业管理服务提供了全球范围最佳配置的可能。

通常情况下，共享服务的发展阶段可以分为单一功能的共享服务，多功能的共享服务，集成的多功能共享服务，一体化的共享服务四个阶段，如图 6-1 所示。

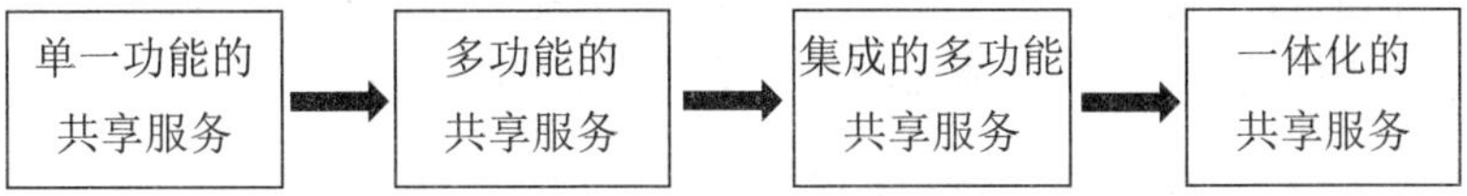

图 6-1　共享服务发展趋势

财务共享服务在我国已经度过了概念导入时期，进入了快速发展阶段。

从最初对概念的浅显理解，到现在的积极推动和繁荣建设，近年来，财务共享服务在中国得到了蓬勃发展。

从国内发展趋势来看，近年来国家和政府通过发布相关规范和通知、组织相关研讨会，鼓励大型企业、企业集团研究财务共享服务方案、建立财务共享中心。例如，财政部《企业会计信息化工作规范》（财会〔2013〕20 号）指出，分公司及子公司数量多、分布广的大型企业和企业集团，应当探索利用信息技术促进会计工作的集中，逐步建立财务共享中心。国资委《关于加强中央企业财务信息化工作的通知》（国资发评价〔2011〕99 号）指出，具备条件的企业应当在集团层面探索开展会计集中核算和共享会计服务。

伴随信息技术的快速发展与变革，中国的企业也经历了从会计电算化到财务信息化的转变，越来越多的企业已经从信息化中受益。财务共享中心的发展与信息化紧密相连，网络报账、影像系统、资金交易处理平台已经成为今天财务共享中心的标配工具。绩效管理、质量管理、客户服务也越来越多地依靠系统来支持。可以说，信息技术成就了中国近年来财务共享服务快速发展的进程。

随着国内企业国际化视野的不断拓展，财务共享服务在国内得到了长足发展。目前，华为、中兴通讯、万科、宝钢集团等国内大型企业已经成功应用了共享服务，中石油、中国电信、中广核等大型央企也在不断探索财务共享服务的管理模式，部分外资企业也把亚太地区的财务共享中心设置在中国。

财务共享中心的建立，能为企业带来很大的价值。对于国内企业，“管理规范化、强化管控”和“流程优化”是财务共享服务实施后最为突出的价值体现。对于中国境内的企业，成本节约并不是财务共享中心的首要目的，而标准化的流程、统一高效的系统，以及清晰的责任定义，才是我国财务共享中心建立的核心动机和价值体现。

总的来说，我国财务共享中心的建设呈现快速增长的趋势。同时，建设中面临的挑战也是多样化的，涵盖信息系统、沟通机制、人员管理、流程优化、服务层级提升、绩效考核、人员招聘等多方面。

二、财务共享中心的应用模式

根据财务共享服务的演进，可以将财务共享中心的应用模式分为四种，即基础性共享服务模式、共享服务市场化模式、共享服务高级市场模式，以及共享服务独立经营模式。财务共享中心应用模式，如表 6-1 所示。

表 6-1 财务共享中心应用模式

财务共享服务模式	主要内容
基础性共享服务模式	利用规模化和标准化的服务为企业客户达到降低成本的目标，是一种托管式的服务模式
共享服务市场化模式	企业客户可按照自己的意愿和实际情况来选择共享服务模式
共享服务高级市场模式	企业客户具有对服务的提供者进行选择的权利。一旦客户觉得内部的服务无法满足自身需求，则有权更换自己满意的服务
共享服务独立经营模式	财务共享中心作为一个独立运营体，凭借专业技术知识和技能优势，与外部咨询机构、第三方外部服务机构等展开完全商业化的竞争，通过为多个企业客户提供服务来创造收入和利润，服务收费也完全是“市场化”的

（一）基础性共享服务模式

大型跨国公司的分支机构遍布世界的各地，所以将分散在各地的服务部门集中到一起的趋势就更为迫切。这对整个集团公司来讲，可以降低经营成本，还可以将各部门从纷繁复杂的日常工作中解脱出来，集中更多的精力和资源到具有战略意义的管理环节中去。基础性共享服务模式的主要原理是对日常的行政管理工作进行整合，并且着眼于规模经济和服务收费来抵补成本的支出。它的主要目的是降低成本，规范和标准化操作程序，以此来保证企业的良性发展。在建立和运行这种类型的财务共享中心的过程中，负责人应该具备创新思想，特别是在服务思想和服务模式上的创新。

（二）共享服务市场模式

共享服务市场模式，是指客户对于自己所需要的服务具备选择权，特别是专业的咨询服务，可以选择的空间更大。因此，共享服务市场模式的核心可以用“自愿”来描述，即是为客户量身定做的，是为了满足客户的特殊要求。在基础性共享服务模式阶段，服务内容都是由公司的职能服务部门来制定的，其他部门被动接受，没有特别大的选择余地。向共享服务市场模式转变后，企业对自身所需的服务有了决定权和选择权。

共享服务市场模式能够为企业内的各个部门提供各种类型的服务，节省经营成本，还可以提供特定的服务来满足企业不同部门的特殊需求，同时监督各项政策制度的执行状况，及时采取适当的措施纠正，甚至提供更深、更专业的财务决策服务，为企业的发展提供决策信息。

（三）共享服务高级市场模式

共享服务发展到高级市场模式后，服务和控制相分离，财务共享服务真正向市场模式转变。也就是说，服务部门专注于服务的提供，在专业水准上不断提高，逐渐成为独立的服务提供机构。在共享服务高级市场模式中，客户具有对服务提供者进行选择的权利。一旦客户觉得内部的服务部门无法满足自身需求时，他们就有权去外部购买自己满意的服务。在这一模式中，内部服务的提供者与外部服务提供者产生了竞争的状态。另外，在该阶段，企业内部服务的商业化趋势很明显。共享服务机构可以对外提供服务，通过收取市场价格的服务费来弥补服务机构的成本支出。为了在市场上更有竞争力，内部服务的提供者还会想办法降低成本，提高服务的质量，集中精力对外出售服务产品，获取利润，就如同一个真正的营业实体。

（四）共享服务独立经营模式

追求利润的独立性是现在所知的共享服务的终极模式。在共享服务高级市场模式阶段，一些共享服务组织在满足内部服务需求的基础上，在本身能力允许的情况下寻求适当的外部服务机会，并且很好地运作了这种商业模式，与外部的同类服务机构进行服务质量和价格上的竞争，获取更多的客户。这些共享服务部门全面走向了市场化运作的模式后，成为公司的又一个独立的业务部门，即进入共享服务独立经营模式。

在共享服务独立经营模式阶段，财务共享中心作为一个独立的运营体，凭借专业的技术知识和技能上的优势，开始与外部咨询机构、第三方外部服务机构等展开完全商业化的竞争，通过为多个客户提供财务服务来创造收入和利润，财务共享中心的服务收费也是完全“市场化”的，经营目标也清晰地转变为创造收入及产生利润。

三、财务共享中心的发展方向

（一）财务共享中心的广泛普及

财务共享中心未来在企业集团中的运用将越来越普及。现阶段，中国企业将更多的精力放在降低成本、提高财务人员能力、提升内部控制和风险管理能力等方面，而财务共享服务则是解决以上问题的主要方式。加上一些政府部门、财务会计协会和专业咨询公司的推广，以及一些成功的企业案例分享，财务共享中心在集团企业中的运用将越来越普及。

（二）财务共享中心向利润中心转变

从财务共享中心拓展的增值服务来看，财务共享中心开始从成本中心向利润中心转变，即高级市场模式与独立经营模式是一种最优的运营模式。

集团企业经过初期的财务共享中心建设，积累了一定的知识和经验，可以通过内部共享服务市场化的方式，向内外部客户出售共享服务、转让或外包共享服务中心业务。财务共享中心的经营，不再是通过服务补偿成本，而是通过服务赚取利润，财务共享中心逐步从单纯的成本中心转变为真正的利润中心。

（三）财务共享中心的政策支持

中国共产党第十八届中央委员会第五次全体会议首次提出共享经济概念，预计以信息化为手段的共享服务理念是对未来共享经济在服务领域的一个重要支撑。

近年来，政府相关部门逐步出台有利于财务共享中心建设的相应政策。财务部发布的《企业会计信息化工作规范》提出，支持企业集团探索利用信息技术促进会计工作的集中，逐步建立财务共享中心。

（四）财务共享中心的信息一体化

电子商务、税务和财务共享中心实现信息一体化。2015 年 12 月，航天信息、京东集团和金蝶集团三方首次公开展示了全国首例增值税发票系统升级版下的电子发票，从自动开具、接收、自动记账，再到电子会计凭证自动归档的全系统闭环流程。目前，中国电子商务的蓬勃发展领先世界，电子发票作为税务电算化的重要手段，能够明显减少原始单据流转采集的工作量。财务共享中心有很好信息平台，可与电子商务平台、电子发票平台进行有效集成与数据共享，使资金流、商业信息流和物流等系统得以完美构建和整合。

（五）财务共享中心的智能化

信息技术的发展，云计算、大数据、物联网、移动应用、人工智能等信息技术的应用，促使财务共享中心越来越智能化。例如，发票自动认证、电子会计档案、影像自动识别、基于接口的自动凭证生成等。信息技术的发展既是财务共享中心信息化平台的支撑，又会不断促进财务共享中心管理应用的发展。

财务共享中心通过整合相似的业务功能，将各企业中相同的、重复的工作取消，并通过将专业人员共享，从而提升专业服务水平。它具有更快的反应速度、更高的信息透明度、更低廉的运营成本和更小的管理风险等特点，是目前企业降低成本、提高服务水准非常有效的一种管理模式。

财务共享中心作为大型企业集团提升核心竞争力的重要手段，发展已越来越成熟，应用的模式也逐渐进阶。

第二节 财务共享中心的基本架构

财务共享中心来自企业战略的长远规划，是财务管理模式的变革。它是一项系统性工程，涉及战略定位、运营模式选择、业务流程再造、信息系统建设、组织架构设置、人员招聘和培训、办公地点选择等各个方面。所以，财务共享中心需要运用全局架构进行设计、建设与运营。

一、财务共享中心架构要素

对于财务共享中心的管理者来说，长期的财务共享服务运营容易使他们陷入局部思维和过于关注细节的困境中，忽视了对于总体架构的考察。实际上，建设财务共享中心的目的不仅仅是满足企业的财务需要，更重要的是要形成由多个要素构成的完整的架构体系。因此，在不同的层次中应用总体架构思维去建设财务共享中心，对后续的运营管理具有非常重要的意义。

具体来说，财务共享中心的基本架构，如图 6-2 所示。

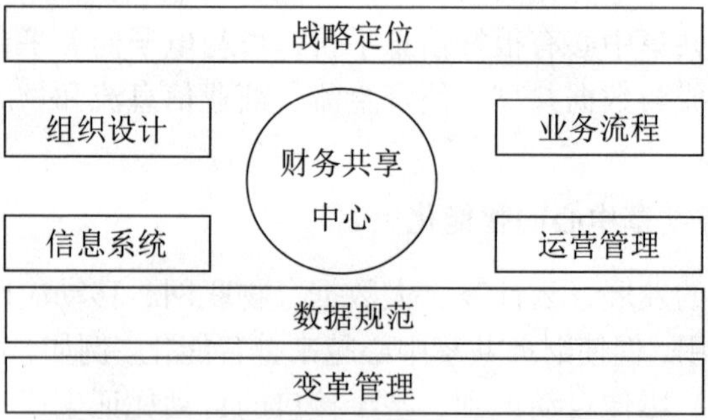

图 6-2 财务共享中心基本架构

图 6-2 中所示的财务共享中心基本架构中，各项目包含的基本职能如下。

（一）战略定位

战略定位，是指组织通过合理的方式和途径，为目标客户提供所需的产品和服务，以获取和保持经营优势，实现公司战略目标。战略定位的目的是实现公司的发展目标，而要实现发展目标，公司必须获取和保持经营优势，而经营优势则来源于对目标客户、产品和服务，以及运营模式三方面的决策。从本质上讲，战略定位是选择与竞争对手有差异化的活动，或以差异化的方式完成相似的经营。

财务共享中心的战略定位包括战略目标、战略结构、战略职能三方面的内容。

（1）战略目标是对经营活动预期目标的期望值。

（2）战略结构是财务共享中心的定位规划。

（3）战略职能是对整体服务模式的规划，以及未来战略财务、共享财务、业务财务的职能划分。

战略定位处于财务共享中心总体架构的顶层地位，只有在战略层面规划好整个共享服务的方向，才能使财务共享中心的业务始终与公司整体的战略定位保持一致。

（二）组织设计

组织架构设计承接了战略定位，目的是为业务建立完善的组织保障体系，围绕财务共享中心的战略目标，不断降低成本，提升管控能力，从而保障战略目标的实现。

财务共享中心组织架构的设计包括运营模式、内设机构、岗位职责、岗位人员编制、人员能力要求和人员测算等方面的内容。

（1）财务共享中心的组织设计和运营模式有着紧密的联系，不同的运营模式决定了财务共享中心布局的差异，进而决定了内设机构的形式。

（2）内设机构是业务流程的基础和运行的载体，信息系统又对内设机构提供了支撑力量，运营管理则承接了组织人员的管理责任，使人员不断优化，发挥更好的作用。

（3）岗位职责主要对各职位的工作内容进行了概括，包括职位目的、基本职责等内容，同时对任职人员的标准和规范进行描述。

（4）岗位人员编制对各职位的行为标准提出要求。

（5）人员能力要求中涵盖了胜任职位所需的知识、技能、能力、个性特征，以及对人员的培训需求等。

（6）人员测算是通过细化岗位职责明确工作边界，更大程度地发挥岗位中的人员效能和实现人员价值最大化。

（三）业务流程

业务流程管理，是将企业中的各项业务流程细化，通过标准化的运行方式，将业务的输入、输出有机地关联并相互转化的过程。完整的业务流程管理可以概括为流程目标确立、流程再造与组织结构调整、流程执行、流程优化与维护四个环节，并且这些环节都是围绕企业整体的战略目标展开的。

业务流程管理是财务共享中心建设的重心。一方面，企业需要关注流程架构设计的方式方法，选择合理的流程梳理途径，循序渐进地开展改革事宜，并在人事方面进行有效协调，为企业员工提供优良的发展渠道和培育机制，避免后续的流程管理过程中产生负面效应；另一方面，规范、标准化的业务流程能让财务共享中心更有效地控制运行成本，优化信息输出的质量，提高企业灵活应变的能力，综合改善企业的组织结构和资源配置，大幅度提高客户满意度，实现企业在经济效益方面的质的提升，促进企业战略目标更快落地。

（四）信息系统

信息系统，是指企业利用计算机及现代网络通信技术加强管理，通过对企业拥有的人力、物力、技术等资源进行调查、加工处理并编制成各种信息资料，及时提供给管理人员用于决策，从而提高企业的管理水平和经济效益。信息系统是共享服务实现落地的重要工具。财务共享中心信息系统的设置模式，主要包含重量化架构设置和轻量化架构设置两种。

（1）重量化共享服务中心架构的特征是共享服务系统不但包括共享服务的运营管理功能，还包括业务功能。

（2）轻量化共享服务中心架构的特征是共享服务系统仅包括共享服务组织自身业务的运营和管理功能，以服务的方式提供总账、应收、应付、固定资产等功能。

两种信息系统架构各有利弊，企业应该根据自身的情况来进行选择。通常来说，大型企业更适用于轻量化共享服务中心架构。

（五）数据规范

数据规范是财务共享中心信息系统的基础和前提条件，也是规范核算工作、提高会计质量和出具会计报表的基础。

数据规范包含财务数据规范、数据流程规范、数据业务应用三方面的内容。通过数据的标准化，能够有效提升财务共享中心信息系统的使用效率和效果。

数据标准化是财务共享中心信息系统建设的基础，可细分为主数据和标准数据进行分类管理，并同步做好财务数据的定义、流程和应用，进而迭代地推动财务共享中心的优化和提升。

（六）运营管理

运营管理，是对组织中负责制造产品或提供服务的职能部门的管理，运营管理的对象是运营过程和运营系统。

财务共享中心的运营管理包括服务水平协议、运营人员管理、运营流程管理、信息系统运维与提升等。

运营管理通过服务水平协议和被服务单位建立连接，加强人员管理，不断优化绩效、质量、服务、标准化和制度建设，加强财务共享中心信息系统的运维和能力提升，实现运营管理的最优化。

（七）变革管理

变革管理，是指对企业内部层级、工作流程，以及企业文化进行必要的调整与改善管理，以达到顺利转型的目的。财务共享中心变革管理的主要内容包括战略变革、组织结构变革、技术变革、流程变革、企业文化变革等。财务共享中心是财务工作的一次重大变革，它不仅涉及理念、观念、业务模式、标准流程再造、体制机制、组织机构人员、管控方式等多个方面，而且对业务的影响也非常大。因此，在财务共享中心总体架构的每个环节设计中，都必须考虑变革产生的影响并做好应对措施。

二、财务共享中心基本架构设计意义

对于财务共享中心的内涵，不能简单理解为财务集中就是财务共享，也不能用传统思维看待财务转型，而是要结合信息技术来理解数字化时代财务共享中心的理念。总的来说，作好财务共享中心总体架构的设计，具有重要的意义，可以推动财务共享中心的转变，从而为企业发展提供保障。

（一）功能转变

财务共享中心是企业集团财务管控的基本载体。合理的架构设计能够使财务共享中心的工作重心从价值核算向价值创造转变。价值创造包括两个方面：一方面是直接价值创造，即通过与资金结算、税务筹划、预算控制等有效结合，实现直接的价值创造。另一方面是通过业务单元和共享中心在价值链条上的相互协作加强管控，为企业创造价值，实现业绩目标，即间接价值创造。

（二）全球化趋势

企业财务共享中心的发展目标是由本土化向全球化转变。为适应经济结构性调整趋势，大型企业集团进入全面深化改革阶段，经营业态多元化，新的产品、业务、商业模式不断涌现；不断围绕核心主业整合资源，组建多领域专业化子公司，以集团化形式经营；大型企业集团在“一带一路”倡议的影响下，加快“走出去”的步伐，使海外业务进一步扩张。财务共享中心为适应这种国际化趋势，必须进行总体架构的重新考虑，以适应逐步由本土化向全球化转变的要求。此外，具有国际化视野的财务共享方面的人才也越来越受到企业的重视。

（三）职能转化

随着财务共享中心组织的不断发展和升级，其呈现出由成本中心向利润中心转变的趋势。随着自身业务的不断扩展，财务共享中心的业务已不仅是服务于自身所属的企业，它开始逐渐为其他企业提供相关服务，进而让财务共享中心从成本中心转变为利润中心。这种职能的转化就要求组织总体架构设计的升级，以此来配合财务共享中心的业务扩展，以推动财务共享中心的职能转化，为企业获取利润提供支持。

（四）人员转型

随着财务共享中心业务的升级，其对人员的要求也越发严格，组织成员也将由传统财务人员向复合型、专家型人才转变。通过信息技术的应用，帮助财务人员逐渐从简单的会计处理向业务流程前端拓展。通过这些架构设计，可以提升企业整体的风险管控水平，不断完善财务业务、服务业务、支持业务，为财务共享中心培养大量的数据专家、算法专家、模型专家、业务专家等复合型、专家型人才，不断拓展数据服务和专家咨询服务。

财务共享中心的负责人应当具备总体架构思维和架构能力，从一定的思想高度去审视财务共享服务的具体设置方法、运营发展方向等，这样才能建成具有行业特征、企业特色，并助力企业发展的财务共享中心。

第三节　财务共享中心的建设路径探索

财务共享中心建设，包括总体框架和实施方法两项内容。其中，财务共享中心建设总体框架是建设的基本步骤；实施方法则规定了项目实施的标准阶段、任务、工作流程、工作内容、角色和责任、交付成功标准等。

一、财务共享中心建设总体框架

财务共享中心建设总体框架，是指针对企业的目标、所在行业等因素对共享中心总体进行规划和建设。总体框架的内容包含了方案设计、技术平台建设、组建机构、业务迁移、运营支持五个方面，如图 6-3 所示。

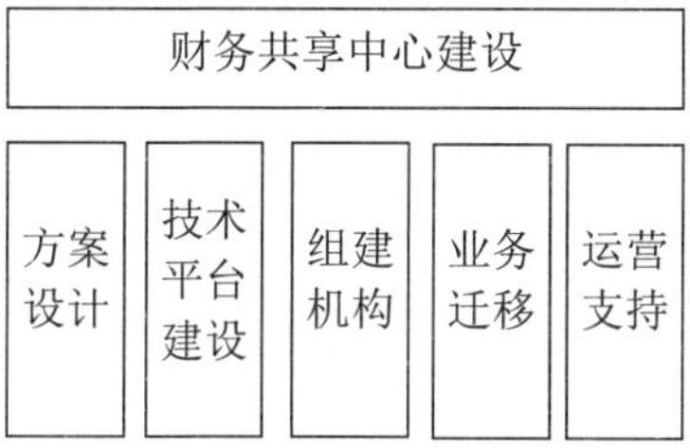

图 6-3　财务共享中心建设总体框架

（一）方案设计内容

（1）共享中心选址设计。
（2）组织架构设计。
（3）人员设计。
（4）流程设计。
（5）办公场所设计。
（6）服务管理设计。
（7）信息技术平台设计。
（8）设计方案成本效益分析。

（二）技术平台建设内容

（1）功能需求分析。
（2）技术平台选型。
（3）技术平台功能验证。
（4）技术平台详细设计。

（5）技术平台配置和客户化开发。

（6）技术平台测试。

（7）单元测试。

（8）开发测试。

（9）业务集成测试。

（10）技术平台上线。

（11）技术平台运维支持。

（12）企业 ERP、资金管理等系统的相关流程、配置、权限等。

（三）组建机构内容

（1）进行选址分析，协助确定财务共享服务中心试点阶段地址。

（2）进行组织架构设计，包括精选国内外共享组织架构模式、不同架构模式对比分析、确定试点阶段选用的组织架构模式等。

（3）依据选定的试点阶段组织架构模式设置岗位，包括岗位名称、岗位职级、岗位职责等。

（4）进行岗位人员设计，包括人员结构建议、人员数量、人员任职资格、人员招聘计划等。

（5）进行办公场地设计，协助进行场所装修及整体办公设备布置，包括办公室装修建议、办公室格局设计、办公人员分布建议等。

（6）进行共享服务中心运营人员培训，包括共享服务理念培训、共享服务运营模式培训、共享服务变革培训、共享服务技术平台应用培训等。

（7）制定人员迁移方案，包括迁移人员名单、迁移步骤和计划等。

（四）业务迁移内容

（1）费用报销业务。

（2）应付账款业务。

（3）应收账款业务。

（4）资金结算业务。

（5）总账业务。

（6）资产业务。

（7）成本业务。

（8）主数据业务。

（9）报表业务。

（五）运营支持内容

（1）技术运维支持。

（2）业务服务运营管理支持。

（3）出具上线阶段运营报告。

二、财务共享中心建设实施方法

财务共享中心在确认了建设的总体框架以后，就可以开始具体的实施步骤。具体的实施方法包含了项目准备阶段、调研和分析阶段、设计阶段、实施阶段、验证和支持阶段。财务共享服务中心建设实施方法，如图 6-4 所示。

图 6-4　财务共享中心建设实施方法

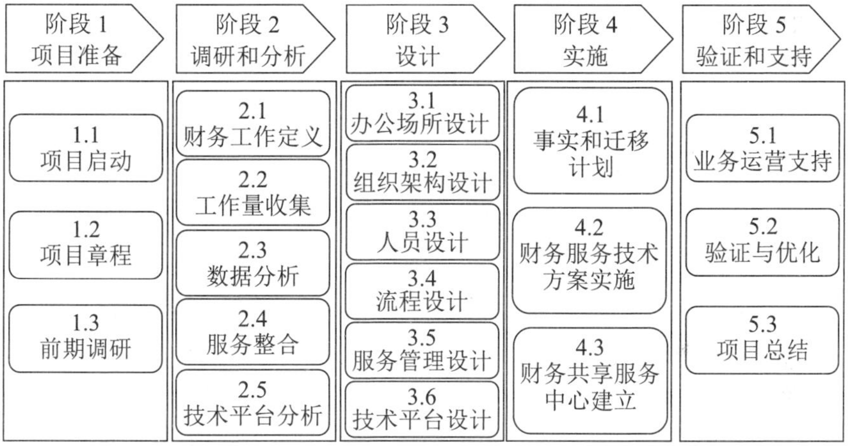

（一）项目准备阶段

1．项目启动

项目启动阶段的工作目标，是明确试点项目范围和项目组织，正式启动项目。该阶段的主要工作内容包括：确定项目范围、确定项目组织架构、召开项目启动会、项目启动通告及其他。项目启动阶段的工作内容，如表 6-2 所示。

表 6-2　项目启动阶段的工作内容

工作内容	详细描述	工作目的
确定项目范围	基于项目目标进行分析，选定财务共享服务项目范围，包括实施业务范围、企业范围和数据收集范围等	确定财务共享项目范围
确定项目组织架构	确定总部高层领导下的项目组织架构，根据项目特点，合理配置项目组成员，确定总部、企业和咨询公司职责分工	确定项目组织，责任落实到位

续表

召开项目启动会	组织召开试点项目启动会，高层领导做重要指示，项目组介绍项目总体方案，安排工作计划	统一思想，提高认识，动员相关单位和人员积极参与项目工作，正式启动项目
项目启动通知	下发正式通知，启动项目，明确项目目标，选择业务范围，确定工作原则	正式启动项目

2．项目章程

项目章程阶段的工作目标，是制定试点项目章程。该阶段的主要工作内容包括：确定目标和范围、确定项目实施方法、制订项目工作计划、制订项目沟通计划。项目章程阶段的工作内容，如表 6-3 所示。

表 6-3　项目章程阶段的工作内容

工作内容	详细描述	工作目的
确定目标和范围	确定项目的目标、范围、指导方针、交付物及项目风险	清晰界定项目的目标和范围
确定项目实施方法	确定项目实施过程中各阶段、各步骤的具体工作，实施的整体路线图	通过确定项目实施方法，指导项目按步骤推进
制订项目工作计划	项目组各方共同确定项目阶段、各阶段的各项工作任务、时间节点、人力资源分配	通过项目总体计划，清晰指引项目稳步推进
制订项目沟通计划	建立项目情况定期汇报等沟通机制，定期跟踪项目进度，加强项目组与总部、企业的沟通	及时汇报项目成果，反馈存在的问题，加强企业对项目的认知，争取获得高层管理者的支持

3．项目前期调研

项目前期调研阶段的工作目标，是了解企业现状，宣传共享服务理念，加深企业对共享服务的认识。该阶段的主要工作包括：集中调研和讨论、现场调研、问卷调研。项目前期调研阶段的工作内容，如表 6-4 所示。

表 6-4　项目前期调研阶段的工作内容

工作内容	详细描述	工作目的
集中调研和讨论	通过会议的形式，集中总部和试点企业的关键用户，培训共享服务的建设方案，讨论财务工作内容，了解企业实际的财务业务情况	增进试点企业对共享服务的了解，初步掌握企业的实际财务业务情况
现场调研	成立调研小组，分组至试点企业进行现场沟通和调研，宣传共享服务理念，提升企业对共享服务的认识，了解企业的想法和顾虑，深入调研企业的实际业务	更大范围增进试点企业财务和业务部门对共享服务的了解，进一步了解企业的业务现状
问卷调研	通过问卷的形式，更全面地了解企业财务部门的职责、组织、岗位、人员等信息	掌握试点企业财务部门的实际情况

（二）调研和分析阶段

1. 财务工作定义

财务工作定义阶段的工作目标，是梳理现阶段财务部门所有的工作。该阶段的主要工作内容包括确定财务工作和具体工作内容、确定工作产出和产出单位定义、确定工作对应的客户、确定服务交付形式、确定服务分类等。如表 6-5 所示。

表 6-5　财务工作定义阶段的工作内容

工作内容	详细描述	工作目的
确定财务工作和具体工作内容	对现行所有财务工作进行分析和归纳，梳理出所有的财务工作	明确财务部门所有工作，及具体工作内容
确定工作产出和产出单位定义	确定各项财务工作的产出物和产出的计量单位	明确财务工作成果和可量化工作量统计单位，便于对财务工作进行量化分析
确定工作对应的客户	确认各项财务工作的服务对象（即工作成果的接收方）	作为客户满意度调查的基础，了解客户关注点，为服务水平协议的制订做准备
确定服务交付形式	确定各项财务工作交付地点、频率和交付方式	作为共享服务管理设计的依据之一
确定服务分类	确定各项财务工作的类型，如管控型、经营型、专家型、规模型、现场型	作为判断该项工作是否适合纳入共享服务的依据之一

2. 财务工作量收集

财务工作量收集阶段的工作目标，是了解试点单位财务业务的工作量和分布。该阶段的主要工作内容包括：收集财务人员基本情况、收集财务工作量、进行员工问卷调查、出具分析报告。如表 6-6 所示。

表 6-6　财务工作量收集阶段的工作内容

工作内容	详细描述	工作目的
收集财务人员基本情况	收集汇总试点单位财务部门人员信息，包括人员代码、职位、邮件地址	为员工问卷调查收集基础数据
收集财务工作量	讨论确定财务工作量统计指标和统计方法，收集试点单位各项财务工作的工作量	为工作效率分析、单位工作成本分析提供基础数据
进行员工问卷调查	试点单位全部财务工作人员参与活动问卷调查，收集财务人员在各项工作中花费的时间	为财务工作基线成本报告和共享服务设计提供基础数据
出具分析报告	结合调查问卷分析结果、财务成本和工作量数据，分析各试点单位每项财务工作的详细成本和人员工作情况	为成本效益分析、选址分析，共享服务组织和人员等设计提供依据

3. 数据分析

数据分析阶段的工作目标，是分析财务共享服务试点绩效指标及改进机会。该阶段的主要工作内容包括：数据分析技术和方法、改进机会分析、发现及结论。如表 6-7 所示。

表 6-7　数据分析阶段的工作内容

工作内容	详细描述	工作目的
数据分析技术和方法	明确数据分析目标，讨论数据分析技术和方法；结合调研数据结果，利用数据分析技术进行数据分析，按财务工作的内容、企业、城市、薪资等级等维度进行工作量和工作成本分析	确定数据分析技术和方法，为数据分析提供依据
改进机会分析	与国际行业最佳实践对标，比较不同试点企业、不同地区、不同财务业务背景试点企业的财务工作结果，分析异常原因，发现改善机会	分析企业财务工作最佳实践绩效衡量指标，完成数据分析并发现改善机会
发现及结论	整合全部数据和改进机会分析结果，寻求财务工作的提高方向和建设目标	从业务和人事角度分析财务工作成本与绩效提高的可能性

4. 服务整合

服务整合阶段的工作目标，是对相同属性的财务工作按既定模式进行整合，形成业务分组依据。该阶段的主要工作内容包括：确定服务整合模式、分析和整合财务工作、推算执行人员基础数据、再次进行服务整合。如表 6-8 所示。

表 6-8　服务整合阶段的工作内容

工作内容	详细描述	工作目的
确定服务整合模式	根据业务和人员技能特点，分析并选择服务整合模式（流程型、技能型、客户导向型等）	确定符合实际的服务整合模式
分析和整合财务工作	根据选定的服务整合模式，结合各项财务工作的属性、各岗位要求具备的专业技术能力，分析现有的财务工作，进行整合分组	为财务共享服务的流程设计、组织设计提供依据
推算执行人员基础数据	结合上一步中财务工作分类和调研的企业财务工作对应人员数量，推算出财务共享服务中心执行人员数量	为财务共享服务的人员设计提供依据
再次进行服务整合	根据人员数量多少适当进行服务整合，进行拆分合并，达到更加贴近实际情况的目的	为财务共享服务的流程设计、组织设计、人员设计提供依据

5. 技术平台分析

技术平台分析阶段的工作目标，是分析共享服务中心技术平台需求及定位。该阶段的主要的工作内容包括：技术平台需求分析、技术平台功能论证。如表 6-9 所示。

表 6-9　技术平台分析阶段的工作内容

工作内容	详细描述	工作目的
技术平台需求分析	对适合纳入共享服务的财务工作组合对应使用的全部信息处理系统，按 ERP 和非 ERP 系统进行归纳统计，根据初步业务流程分析系统的通用性、系统功能优化的可能性和服务器整合的可行性，对业务需求、系统应用情况、数据集成程度、流程实现方式和自动化水平等需求情况进行汇总分析	了解业务层面对共享服务中心技术平台的功能需求，为共享服务技术平台选型和设计提供需求分析依据
技术平台功能论证	结合未来财务共享服务中心所有职能范围的业务需求，设计能够实现多功能、多系统的信息交互体系，具备业务处理和服务管理功能的共享服务平台框架。平台开发周期与未来共享服务 ERP 系统的集成性是考虑的重点	为建设用以支撑共享服务中心与企业之间业务交付、人员互动和系统衔接，同时通过财务共享服务的业务考核和服务质量管理的技术平台进行功能论证

（三）设计阶段

1．办公场所设计

办公场所设计阶段的工作目标，是选择适合现状和未来发展需要的财务共享服务中心所在城市和办公场所。该阶段的主要工作内容包括：确定选址规则、分析试点选址、确定办公场所。如表 6-10 所示。

表 6-10　办公场所设计阶段的工作内容

工作内容	详细描述	工作目的
确定选址规则	以人员、业务、技术、效益、战略为导向，设计一套选址标准，明确每个标准的权重，设置每个标准的评分依据	确定选址分析的基准和规则
分析试点选址	根据既定选址规则和评分标准，对备选城市进行调研分析，对每一个城市进行评分，分析出适合的城市	确定选址分析的基准和规则
确定办公场所	对选址城市办公场所进行分析，结合共享服务的人员设计情况，确定能够满足公司战略需求、企业业务需求、员工生活和发展需求的共享服务中心办公地址	确定适合现状和未来发展需要的办公场所

2．组织架构设计

组织架构设计阶段的工作目标，是确定试点阶段财务共享服务中心组织架构。该阶段的主要工作内容包括：确定组织架构策略、设计管控架构、设计组织架构。如表 6-11 所示。

表 6-11 组织架构设计阶段的工作内容

工作内容	详细描述	工作目的
确定组织架构策略	结合国际领先、国内一流的财务共享服务组织设计类型和案例分析，以战略规划为导向，结合实际情况，选择共享服务不同发展阶段的组织设计类型	确定财务共享服务组织设计的策略
设计管控架构	结合国际经验，设计财务共享服务中心管控架构，明确客户指导委员会、财务职能管理委员会、共享服务中心管理团队的人员组成和管控职责	确定财务共享服务中心的管控架构
设计组织架构	借鉴国际财务共享服务组织设计经验，根据既定的组织构建策略，结合实际情况，设计未来和试点阶段的组织架构，确定服务分组	确定试点阶段的组织架构及运营模式

3．人员设计

人员设计阶段的工作目标，是确定财务共享服务中心试点人员的配备需求。该阶段的主要工作内容包括：岗位职责设计、人员数量需求设计、人员素质需求建议。如表 6-12 所示。

表 6-12 人员设计阶段的工作内容

工作内容	详细描述	工作目的
岗位职责设计	在组织架构和服务分组的基础上，确定财务共享服务中心的各岗位职责和分工	确定岗位职责
人员数量需求设计	根据职位调查工作量分析结果，结合岗位职责和分工，推算财务共享服务中心各部门的人员需求	确定人员需求，便于人员安排
人员素质需求建议	结合岗位职责分工，提出各岗位所需的人员的工作经验、技能水平等素质需求	为招聘和甄选人员奠定基础

4．流程设计

流程设计阶段的工作目标，是确定财务共享服务中心试点操作流程。该阶段的主要工作内容包括：确定共享中心职责分工原则、基于标准化流程拆分单元流程、按业务线条梳理交互流程、结合信息系统细化流程设计。如表 6-13 所示。

表 6-13 流程设计阶段的工作内容

工作内容	详细描述	工作目的
确定共享中心职责分工原则	确定共享服务中心与企业职责分工的大原则，清晰界定双方的责任	确定流程设计的原则和基础
基于标准化流程拆分单元流程	以会计核算标准化项目工作成果为基础进行分解，形成完全覆盖会计标准化流程的单元流程清单，保证每个单元流程均以端到端的方式展现	为共享服务流程的详细设计奠定基础
按业务线条梳理交互流程	根据职责分工原则，在单元流程基础上，切分共享服务与企业财务的职责界面，设计各流程中财务共享服务中心与企业财务的交互节点	为共享服务流程的详细设计奠定基础

续表

结合信息系统细化流程设计	以单位流程为基础，结合信息系统，分别设计共享服务发起、执行、交付确认的完整操作流程，梳理流程详细步骤，细化步骤操作内容及规范	为信息系统设计奠定基础

5．服务管理设计

服务管理设计阶段的工作目标，是确定财务共享服务中心试点服务管理规范。该阶段的具体工作内容包括：制定服务管理框架、制定服务水平协议、确定关键考核指标体系。如表 6-14 所示。

表 6-14　服务管理设计阶段的工作内容

工作内容	详细描述	工作目的
制定服务管理框架	以客户需求为驱动、质量为导向，收集当前客户关注的信息和绩效数据，选择共享服务中心的服务管理框架，制定共享服务中心的运营管理决策指导原则	确定共享服务的管理方式
制定服务水平协议	参照国际共享服务行业最佳实践指标，讨论确定共享服务对应业务的绩效衡量技术参数、可接受及不可接受的服务级别、共享服务中心与企业、最终用户的责任，以及在特定情况下需要采取的行动，最终形成服务水平协议	规范共享中心服务标准
确定关键考核指标体系	对从事具体业务运营操作的财务人员和运营管理人员的工作特点和绩效考核重点进行分析，结合试点企业的满意度调查结果，以人文关怀和职业发展为导向，制定共享服务关键考核指标体系	规范共享中心的服务绩效考核

6．技术平台设计

技术平台设计阶段的工作目标，是结合人员、流程、组织架构等设计方案完成共享服务平台设计。该阶段的主要工作内容包括：共享服务技术平台确定、功能详细设计、集成详细设计、基础设施详细设计。如表 6-15 所示。

表 6-15　技术平台设计阶段的工作内容

工作内容	详细描述	工作目的
共享服务技术平台确定	根据技术平台分析阶段形成的功能需求，从功能满足度、技术要求满足度，以及投资等方面分析比较多家厂商共享服务技术平台产品	确定共享服务技术平台软件
功能详细设计	基于共享服务技术平台软件选型结果，结合人员、流程、组织架构等完成技术平台功能详细设计	详细描述功能
集成详细设计	依据流程设计整理技术平台软件涉及的集成接口需求，并设计详细集成方案	确定集成需求和集成方案
基础设施详细设计	依据共享服务业务量、用户访问量等信息确定共享服务技术平台涉及的硬件配置，并设计硬件基础设施架构	确定硬件配置

（四）实施阶段

1．实施和迁移计划

实施和迁移计划阶段的工作目标，是确定详细的实施和业务迁移计划。该阶段的主要工作内容包括：确定实施方案、制订迁移计划、制订实施沟通计划、制订变革管理计划。如表 6-16 所示。

表 6-16　实施和迁移计划阶段的工作内容

工作内容	详细描述	工作目的
确定实施方案	根据流程分析结果、试点企业财务共享服务的业务范围和流程设计及分析结果，确定具体共享服务实施方案和详细步骤	制定工作方案，确保项目成功实施
制订迁移计划	制订试点企业各项业务的迁移计划，包括业务迁移顺序、时间节点、人员安排、工作步骤等，尽量减少对正常业务的影响	确保业务和人员平稳迁移至共享服务中心
制订实施沟通计划	确定沟通策略，准备详细的沟通计划，在实施阶段推动试点企业领导和人员对共享服务的全面了解，了解管理模式和业务流程的变化	提高共享服务的认知，推动实施，减少阻力
制订变革管理计划	进行变革评估，分析共享服务中心的建立对企业管理和运营方式产生的影响和风险，并制订应对计划	减小共享服务风险

2．服务技术方案实施

服务技术方案实施阶段的工作目标，是结合人员、流程、组织架构等设计方案完成财务共享服务平台设计。该阶段的主要工作内容包括：共享服务平台功能开发及测试、共享服务平台集成开发及测试、共享服务平台财务相关系统调整与测试、共享服务平台集成测试、共享服务平台压力测试、平台部署交付。如表 6-17 所示。

表 6-17　服务技术方案实施阶段的工作内容

工作内容	详细描述	工作目的
共享服务平台功能开发及测试	根据纳入财务共享服务的职能范围和工作流程，结合试点企业现有财务系统相关功能和配置的分析结果，对共享服务平台进行系统功能配置	准备共享服务平台测试运行环境
共享服务平台集成开发及测试	依据集成详细设计说明书，进行相关系统集成接口开发及测试	集成开发及集成测试准备
共享服务平台财务相关系统调整与测试	针对财务共享后财务人员工作分工的变化，新建用户 ID，分配权限；根据流程的变化，对 ERP、会计集中核算、资金集中等相关财务系统进行相应的后台配置调整，并进行系统功能调整开发与测试	财务相关系统集成开发测试准备

续表

共享服务平台集成测试	根据财务共享服务平台集成测试场景清单及关键用户配备情况，总部、共享服务中心、企业联合进行共享服务平台集成测试	共享服务平台上线前的测试准备
共享服务平台压力测试	项目组提供共享服务平台测试大纲，进行系统压力测试及调优	保证系统上线后能够稳定高效运行
平台部署交付	共享服务平台集成测试成功后，可进行平台交付工作	共享服务平台交付

3．财务共享服务中心建立

财务共享服务中心建立阶段的工作目标，是建立共享服务中心，完成业务迁移。该阶段的主要工作内容包括：组建实施组、准备办公场所、落实人员配置、组织上线培训、进行业务迁移。如表 6-18 所示。

表 6-18 财务共享服务中心建立阶段的工作内容

工作内容	详细描述	工作目的
组建实施组	根据财务共享服务业务进行分类，确定实施组，包括咨询顾问、业务专家、共享服务中心对应业务负责人、单位对应业务负责人	配备实施人力资源
准备办公场所	根据共享服务中心人员配备和办公环境安排情况，准备办公场地及各种办公配套设施	提供良好的办公环境
落实人员配备	财务共享服务中心机构设置确定后，安排内部竞聘，确定岗位人员配备计划，安排办理人事迁移手续	确定共享服务中心人员
组织上线培训	对财务共享服务中心和相关岗位人员分层级、分批次进行针对性培训和考评，包括共享服务流程、服务管理流程、信息系统操作技能等，确保相关人员掌握运行模式和具体工作步骤	确保业务迁移后，各岗位人员能够顺利开展工作
进行业务迁移	按照迁移计划，实施组织分批、分企业完成业务流程平稳迁移和人员顺利过渡，开始财务共享服务运营流程	确保流程迁移成功，业务正常开展

（五）验证和支持阶段

验证和支持阶段的目标，是确保共享服务平台设计在融入人员、流程、组织架构等要素后能够高效且稳定地运行。这一阶段的工作内容十分关键，它包括对业务运营提供全方位的支持，确保平台上线后能够迅速适应业务需求，同时还需要对设计方案进行严格的验证和优化，以发现并解决潜在的问题，进一步提升平台的性能和用户体验。此外，项目总结也是这一阶段不可或缺的一环，它旨在回顾整个设计过程，总结经验教训，为后续的项目提供有价值的参考。通过这些工作，可以确保共享服务平台设计更加完善、成熟，为未来的业务发展奠定坚实的基础。如表 6-19 所示。

表 6-19 验证和支持阶段的工作内容

工作内容	详细描述	工作目的
业务运营支持	实施组为财务共享服务中心提供业务和系统方面的现场支持，解决问题，保证业务顺利正常运转	确保业务能够顺利开展
验证和优化	在共享中心试运行的过程中，验证组织、人员、流程、系统设计等成果，优化调整不足，提高运行效率	促使共享中心短期进入平稳运行
项目总结	移交项目文档，完成知识转移，基于共享服务试点项目的总体方案和建设成果进行分析总结	总结经验，助力共享服务的推广

第七章　业 财 融 合

第一节　实现业务与财务的一体化

一、业务与财务的一体化的特点

业务与财务一体化系统具有以下特点。

（一）高度集成化

可以将企业的各种业务数据和财务数据进行有机整合，将繁杂的信息进行统一管理，极大地减少了重复输入和处理数据的工作量，提高了工作效率。

（二）数据实时处理

可以实时监控和收集企业的业务和财务数据，保证了数据的实时性和准确性，为企业的经营决策提供了新的数据基础。

（三）自动化处理

可以自动化地完成账务处理、凭证处理和财务分析等重复性工作，从而大大减轻了财务管理人员的工作负担，提高了工作效率。

（四）精细化管理

可以对企业的各类业务活动进行精细化管理，对各类数据进行分析和挖掘，从而更好地了解企业的经营状况和业务情况，制定更加科学合理的决策。

（五）风险预警与控制

可以实时监测和预警企业的财务风险和业务风险，帮助企业及时发现和解决问题，避免不必要的损失和风险。

（六）高度可扩展性

可以根据企业的需求进行定制化开发，满足企业不断增长的业务需求和财务管理需求。

（七）安全性高

采用高度安全可靠的技术架构和数据加密等技术手段，确保系统的稳定性和安全性。

二、业务与财务的一体化的重要性

业务与财务的一体化是解决企业内部管理问题的重要手段。由于职能分工，不少企业中一直存在着业务管理与财务管理互相隔离、业财信息沟通不畅的问题，业务部门有信息需求，但财务部门因难以介入业务过程而无法提供有效信息。当业务信息与财务报告之间存在识别障碍时，企业将难以保证财务报告的准确性和有效性，阻碍了企业的价值创造。业务与财务的一体化的重要性主要表现在以下方面。

（一）实时掌握公司的经营状况

业务与财务一体化能实时掌握公司的经营状况，这是因为一体化系统能够实现数据的实时传输和处理。通过这种系统，企业可以随时查看账户金额、销售收入、支出等关键信息，从而更好地把握公司的经营状况。此外，一体化系统还可以根据企业的业务需求和财务管理需求，定制财务报表和指标分析。同时，一体化系统还可以进行风险预警和提示，帮助企业及时发现和解决问题，避免不必要的损失和风险。因此，业务与财务一体化能够让企业更加高效地进行财务管理和决策，提高企业的竞争力和可持续发展能力。

（二）管理更加扁平化

在传统的企业管理模式下，通常存在着较为烦琐的管理层级和部门之间的信息壁垒，导致企业对于市场变化和业务变化的反应不够敏锐。而业务与财务一体化系统可以将各个部门的数据进行有机整合，实现数据的实时共享和传输，让企业能够更加全面地了解自身的经营状况和业务情况。同时，一体化系统还可以将企业的各种业务数据和财务数据进行有机整合，将繁杂的信息进行统一管理，极大地减少了重复输入和处理数据的工作量，提高了工作效率。这样就可以让企业的管理层更加注重对市场变化和业务变化的把握，更加注重对员工的管理和激励，从而实现更加扁平化的管理，提高企业财务运行的效率。

（三）消除企业各部门的信息孤岛

在传统的企业管理模式下，各个部门之间的信息通常存在着壁垒和隔阂，导致数据不一致、信息冗余和重复劳动等问题。同时，由于各个部门之间的数据处理方式和标准不一致，数据的质量和准确性难以保证。这些问题不仅会降低企业的管理水平和效率，还会对企业的决策和发展带来不利影响。而业务与财务一体化系统可以将各个部门的数据进行有机整合，实现数据的实时共享和传输，让企业能够更加全面地了解自身的经营状况和业务情况。通过一体化系统，各个部门之间的数据可以实现互通和共享，避免信息不对称和重复劳动，提高工作效率和降低企业人力成本。同时，一体化系统还可以实现数据的标准化处理和分析，提高数据的质量和准确性，为企业的决策和发展提供更加可靠的数据支持。

（四）促进企业的业务管理水平规范

在传统的企业管理模式下，业务管理和财务管理通常存在着一定的脱节，导致业务数据和财务数据不一致、信息冗余和重复劳动等问题。同时，由于缺乏统一的数据处理标准和数据分析工具，企业的业务管理往往不够规范化和精细化。这些问题不仅会降低企业的管理水平和效率，还会对企业的决策和发展带来不利影响。而业务与财务一体化系统可以将企业的各种业务数据和财务数据进行有机整合，实现数据的实时共享和传输，让企业能够更加全面地了解自身的经营状况和业务情况。通过一体化系统，企业的业务管理和财务管理可以实现有机衔接，避免信息不对称和重复劳动，提高工作效率和降低企业人力成本。同时，一体化系统还可以实现数据的标准化处理和分析，提高数据的质量和准确性，为企业的决策和发展提供更加可靠的数据支持。

三、业务与财务一体化的实施路径

信息技术的发展往往会使企业的财务工作发生重大变化。在“互联网+”这个特殊的时代背景下，业财融合的信息需求有了新的变化，管理会计需要更精细化、更多样、更及时有效的信息。业务与财务一体化的实施路径主要包括以下几个方面。

（一）建立标准化的业务流程

在实施业务与财务一体化之前，企业需要建立标准化的业务流程，以确保各个部门之间的协同性和规范化。这个过程包括明确各项业务的操作流程、审批流程和执行流程等，同时也需要考虑到如何将业务流程与财务流程进行衔接。建立标准化的业务流程需要考虑到企业的实际情况和业务需求，制定出符合企业特点的操作规范和流程标准。

在制定标准化的业务流程时，需要考虑以下几点：①明确各项业务的操作步骤和责任人；②确定关键控制点和风险点；③统一业务流程和操作规范；④建立有效的信息传递机制，确保信息的及时传递和共享。

通过建立标准化的业务流程，企业可以确保各项业务的规范化操作和高效执行，同时也为后续的数据整合和系统建设提供了基础保障。

（二）整合业务数据和财务数据

业务与财务一体化需要将分散在各个部门、各个系统的业务数据和财务数据进行整合，建立统一的数据平台，实现数据的共享和传输。这个过程需要考虑到数据的准确性、一致性和及时性，同时也需要避免重复输入和处理数据的情况。

在整合业务数据和财务数据时，需要考虑以下几点：①确定数据整合的范围和内容；②建立统一的数据标准和格式；③开发或购买数据整合工具或系统；④定期进行数据的质量检查和维护。

通过整合业务数据和财务数据，企业可以消除信息孤岛和数据不一致的问题，提高数据的准确性和可靠性，为后续的数据分析和决策提供更加全面和准确的信息支持。

（三）建立一体化的信息系统

基于整合后的数据平台，企业需要建立一体化的信息系统，包括财务系统、采购系统、销售系统、库存系统等，实现数据的互通和共享，使各个系统能够协同工作。这个过程需要考虑到系统的稳定性、安全性和可扩展性等因素。

在建立一体化的信息系统时，需要考虑以下几点：①选择适合企业需求的系统架构和平台；②确定各个系统的功能模块和业务流程；③建立统一的数据接口和数据传输机制；④确保系统的稳定性和安全性。

通过建立一体化的信息系统，企业可以提高工作效率和管理水平，实现信息的实时共享和传输，同时也为后续的业务流程优化和决策提供了更加全面和准确的信息支持。

（四）优化业务流程和财务流程

根据实际业务需求和市场变化，企业需要不断优化业务流程和财务流程，以提高工作效率，降低成本。这个过程需要考虑到企业的实际情况和业务需求，对烦琐的流程进行简化，对关键的流程进行优化。

在优化业务流程和财务流程时，需要考虑以下几点：①分析现有业务流程和财务流程的瓶颈和问题；②确定优化目标和优化方案；③制定具体的实施计划和时间表；④对优化后的流程进行评估和持续改进。

通过优化业务流程和财务流程，企业可以提高工作效率和管理水平，实现信息的实时共享和传输，同时也为后续的业务流程优化和决策提供更加全面和准确的信息支持。

（五）培养复合型人才队伍

培养既懂业务又懂财务的复合型人才队伍是实现业务与财务一体化的重要保障。这个过程需要加强人才引进和培养力度，提高员工的专业素质和管理能力。

在培养复合型人才队伍时，需要考虑以下几点：①加强员工的专业技能和管理技能培训；②引进具有复合型背景的人才；③建立有效的激励机制和人才发展计划；④加强团队合作和文化氛围建设。

通过培养复合型人才队伍，企业可以提高员工的专业素质和管理能力，为后续的业务与财务一体化建设和持续改进提供人才保障。

（六）持续优化和改进

在实施过程中需要不断进行优化和改进，以实现企业的可持续发展。这个过程需要考虑到实际业务需求和市场变化等因素，对现有的一体化系统进行持续改进和提高，以适应不断变化的市场需求和发展趋势。

在持续优化和改进时需要考虑以下几点：①分析现有系统和流程的问题和瓶颈；②确定优化目标和方案，制订具体的实施计划和时间表；③对优化后的系统和流程进行评估和持续改进；④密切关注市场趋势和业务需求的变化，及时调整和完善一体化系统，以满足企业的实际需求；⑤及时收集用户对一体化系统的使用体验和建议；⑥制订具体的改进计划和实施方案，包括改进目标、实施步骤、时间表和责任人等，确保改进计划的可行性和可实施性，并对实施过程进行监控和评估。

通过持续优化和改进，企业可以不断完善业务与财务一体化系统，提高企业的管理水平和效率，实现可持续发展。

第二节　数字化与业财融合

一、数字化与业财融合的关系

数字化与业财融合之间存在着密切的关系。数字化转型是实现业财融合的重要基础和技术支持，而业财融合则是数字化转型在财务管理领域的具体应用和体现。

首先，数字化转型是实现业财融合的重要基础。数字化转型包括对企业业务和财务流程的数字化改造，以及对数据的采集、处理、分析和存储等进行数字化管理。通过数字化转型，企业可以实现对各类数据的实时监控和分析，从而更好地掌握企业的经营状况和财务状况。同时，数字化转型还可以提高数据的质量和可靠性，为业财融合提供更加全面和准确的数据支持。

其次，数字化转型为业财融合提供了必要的技术支持。数字化转型过程中引入了各种先进的技术手段，例如云计算、大数据、人工智能等。这些技术手段的应用可以帮助企业实现业务流程和财务流程的自动化和智能化，提高工作效率和质量。同时，数字化转型还可以为企业提供更加灵活、开放和包容的信息化平台，为业财融合的实现提供必要的技术支持。

最后，业财融合是数字化转型在财务管理领域的具体应用和体现。数字化转型的目标之一就是实现财务管理模式的创新和升级，而业财融合则是财务管理模式创新的重要体现之一。业财融合将财务管理与业务流程有机地融合起来，实现了对企业经营全过程的实时监控和分析，从而更好地服务于企业的经营和发展。

二、数字化对业财融合的影响

数字化对业财融合的影响主要体现在以下几个方面。

（一）财务职能的转变

在数字化背景下，企业的财务职能发生了显著的变化。传统的财务职能主要集中在核算和报表生成等基础性工作上，这些工作大部分是手工操作，数据处理效率较低，而且往往存在错误和延误。随着数字化技术的不断发展，企业的财务职能逐渐向多领域延伸，财务角色也从账务集中处理中心向企业数据中心演进。

这种变化使得财务职能更加注重业务数据与财务数据的深度融合。在数字化时代，企业的业务数据和财务数据不再是相互独立的，而是需要相互融合、相互支持。业务数据可以为财务数据提供更多的信息和支持，使得财务数据更加准确、及时和全面。同样地，财务数据也可以为业务数据提供更多的支持和指导，帮助企业更好地制定经营策略和决策。

这种深度融合的实现需要财务职能的转变和升级。首先，财务人员需要具备更加全面的技能和能力，不仅需要了解财务知识，还需要了解业务知识、市场情况、技术趋势等。其次，财务职能需要向更加综合、全面的方向发展，不仅要负责财务数据的处理和报告，还需要为企业的决策提供支持和建议。最后，企业需要建立完善的数据中心和数据治理机制，确保数据的准确性和安全性，同时也需要建立完善的数据共享机制，促进业务数据和财务数据的融合和共享。

通过财务职能的转变和升级，推动业财融合的发展，可以帮助企业更好地实现数字化转型和升级。首先，业财融合可以提高企业的决策效率和准确性，帮助企业更好地应对市场变化和风险挑战。其次，业财融合可以促进企业的业务创新和发展，帮助企业更好地满足客户需求，应对市场变化。最后，业财融合可以提高企业的资源利用效率和价值创造能力，帮助企业更好地实现可持续发展和长期价值创造。随着数据价值的凸显，数据治理成为业财融合乃至企业前后端 IT 与 OT 等各类管理融合的基础。越来越多的企业在经历了以组织、流程、制度等为抓手的业财融合实践探索后，逐步将数据融合作为业财融合的关键因素，通过数据治理实现数据资源的整合、共享和保护。

（二）数据价值的重视

在数字化时代，数据被赋予了前所未有的价值，成为企业决策、优化运营、提高效率的关键依据。数据价值的重视源于其对企业发展的重要性。数据不仅可以反映企业的运营状况，还可以揭示市场趋势、客户需求等信息，为企业的战略决策提供强有力的支持。

在业财融合的背景下，业务数据与财务数据的深度融合对于提高企业资源利用效率、风险防范水平及整体价值具有重要意义。

通过业务数据与财务数据的共享，企业可以更好地了解市场需求和业务动态，及时调整经营策略，实现资源的优化配置和高效利用。这不仅可以提高企业的运营效率，还可以降低成本、增加收益，增强企业的竞争力。

业务数据与财务数据的深度融合可以帮助企业更好地识别和防范风险。通过对数据的分析和挖掘，企业可以及时发现潜在的财务风险和业务风险，采取应对的措施。这有助于企业提高风险防范水平，减少损失，保障持续稳定的发展。

业务数据与财务数据的深度融合还有助于提高企业的整体价值。通过数据整合和分析，企业可以获取关于市场、客户、产品等方面的信息，为战略决策提供有力支持。这有助于企业实现业务创新和转型升级，提升市场竞争力，实现长期价值的提升。

为了更好地发挥数据价值，企业在业财融合过程中需要加强数据治理和管理，确保数据的准确性和安全性。同时，企业还需要积极探索和创新数据应用模式，将数据分析、人工智能等先进技术应用于数据处理中，提高数据处理效率和精度。通过不断挖掘数据价值，企业可以更好地利用数据资源，推动业财融合的发展，实现数字化转型和升级。

（三）数据治理的完善

随着数据价值的提升，数据治理成为业财融合乃至企业前后端 IT 与 OT 等各类管理融合的基础。数据治理是指对数据的规范、整合、控制和保护的过程，以确保数据的质量、安全性和有效利用。在业财融合的背景下，数据治理的完善对于实现数据资源的整合、共享和保护至关重要。

数据治理可以帮助企业建立统一的数据规范和标准。在业财融合过程中，业务部门和财务部门之间的数据格式、定义、范围等存在差异，容易导致数据混乱和误解。通过建立统一的数据规范和标准，企业可以消除数据的不一致性和歧义性，提高数据的准确性和可靠性。

数据治理可以实现数据资源的整合和共享。在业财融合过程中，业务数据和财务数据需要进行深度融合，以支持企业的决策和运营。通过数据治理，企业可以打破部门之间的信息壁垒，将分散的数据资源进行整合，实现数据的共享和互通，提高数据的利用效率和价值。

数据治理还可以帮助企业提高数据的安全性和可靠性。在业财融合过程中，数据的共享和整合增加了数据泄露、被篡改或破坏的风险。通过数据治理，企业可以建立完善的数据安全管理制度和技术手段，确保数据的安全性和完整性，防范潜在的安全风险。

为了完善数据治理，企业需要从以下几个方面入手：①建立专门的数据治理机构或团队，负责制订和执行数据治理计划和政策；②制订完善的数据管理制度和流程，包括数据采集、存储、传输、使用、共享和保护等方面；③采用先进的数据治理技术和工具，提高数据治理的效率和效果；④加强对员工的培训和教育，提高员工的数据意识和素养，确保数据的准确性和安全性。

通过完善数据治理，企业可以实现数据资源的有效管理和保护，提高数据的利用价值和效果，推动业财融合和其他各类管理融合的发展，实现数字化转型和升级。

（四）数据分析的强化

数字化时代带来了海量的数据资源，为企业提供了前所未有的信息价值。数据分析在业财融合中的地位越来越重要，成为企业获取竞争优势、实现精细化管理和决策的关键手段。

数据分析可以帮助企业更好地了解市场需求和业务动态。通过分析海量的市场数据、销售数据、客户数据等，企业可以深入挖掘市场需求和趋势，及时掌握市场变化和客户反馈，为产品研发、市场营销、服务升级等提供强有力的支持。例如，通过分析销售数据，企业可以发现产品的销售情况和趋势，为产品的定价、促销和库存管理提供决策依据。

数据分析可以帮助企业实现精细化管理和决策。通过分析业务数据和财务数据，企业可以了解自身的运营状况和财务状况，及时调整经营策略和决策方向。例如，通过分析成本数据和效益数据，企业可以发现生产成本的变化情况和效益的来源，为优化生产流程、降低成本和提高效益提供决策支持。

数据分析也为业财融合提供了更多工具和手段，如大数据技术、人工智能等。这些先进的技术手段可以大大提高数据处理的效率和精度，帮助企业更好地管理和利用数据资源。例如，采用大数据技术，企业可以对海量数据进行实时分析和挖掘，获取更加准确和及时的信息支持。采用人工智能技术，企业可以自动化处理数据，预测趋势，提高数据处理和决策的效率和准确性。

为了强化数据分析在业财融合中的作用，企业需要从以下几个方面入手：①建立完善的数据分析体系和流程，包括数据采集、整合、处理、分析和应用等方面；②采用先进的数据分析工具和技术手段，如大数据技术、人工智能等，提高数据分析的效率和精度；③培养专业的数据分析人才队伍，提高数据分析人员的专业素养和技能；④加强数据的治理和管理，确保数据的准确性和安全性，为数据分析提供可靠的基础。

通过强化数据分析在业财融合中的作用，企业可以更好地利用数据资源，实现数字化转型和升级。通过深入挖掘市场需求、掌握业务动态、实现精细化管理和决策，企业可以提升自身竞争力和价值创造能力，实现长期可持续发展。

（五）信息安全的风险

数字化时代带来了巨大的机遇，但同时也带来了新的挑战，其中之一就是信息安全的风险。在业财融合的过程中，数据的共享和整合使得企业数据的安全性和完整性面临着更大的威胁。

数据泄露是一个严重的风险。在业财融合的过程中，业务数据和财务数据需要进行深度融合，这涉及数据的共享和传输。如果企业的信息安全保护措施不够完善，数据可能会被非法获取、窃取或泄露，给企业带来巨大的损失。例如，客户的个人信息、企业的商业机密等敏感信息如果泄露，可能会给企业带来不可估量的损害。

数据的篡改也是一个严重的风险。在业财融合的过程中，数据的来源和传输路径变得更加复杂，这增加了数据被篡改的可能性。如果企业的信息安全保护措施不够完善，数据可能会被非法篡改，导致企业的决策失误、运营混乱或财务损失。

数据的破坏也是一个不容忽视的风险。在数字化时代，数据的存储和传输都依赖于计算机系统和网络。如果企业的信息安全保护措施不够完善，计算机系统或网络可能会遭受攻击或故障，导致数据被破坏或丢失，给企业带来巨大的损失。

为了防范这些潜在的安全风险，企业需要加强信息安全保护措施。首先，企业需要建立完善的数据安全管理制度和流程，包括数据的采集、存储、传输和使用等方面。其次，企业需要采用先进的数据安全技术和工具，如加密技术、防火墙技术、入侵检测技术等，提高数据的安全性和完整性。此外，企业还需要加强员工的安全意识和培训，提高员工对信息安全的认识和防范能力。

三、数字化在业财融合中的应用

随着新一轮科技革命蓬勃发展，大数据与5G、云计算、人工智能、区块链等新技术加速融合，重塑技术架构、产品形态和服务模式，数字化进程已经远远超出我们的想象。在这样的趋势下，发挥数据作为新生产要素的乘数效应，以数据流引领技术流、物质流、资金流、人才流，打通生产、分配、流通、消费各环节，促进资源要素优化配置，加速业财数字化转型，成为重中之重。数字化在业财融合中的应用主要表现在以下几个方面。

（一）数据采集与处理

在数字化时代，数据的采集和处理是业财融合中的关键环节。企业可以利用大数据和人工智能技术，自动化、批量地采集内外部数据，包括财务数据、业务数据和其他相关数据。这些数据可能来自企业的信息系统、财务报表、供应链合作伙伴等多个渠道。

在进行数据采集后，企业需要对这些数据进行清洗、整合和分类。这个过程可以帮助企业将各种数据源的数据整合到一起，消除数据中的错误和重复信息，确保数据的准确性和一致性。同时，通过对数据的分类和标签化，企业可以更好地理解和组织数据，为后续的决策分析提供便利。

在数据采集和处理的基础上，企业可以利用财务部门和业务部门之间的数据共享，更准确地核算成本、收入和利润。财务部门可以通过与业务部门合作，了解业务运营的具体情况，获取更准确的业务数据，以便进行更准确的财务核算和分析。同时，通过数据分析，企业可以预测未来的业务趋势，为制定经营策略和决策提供参考。

通过数字化技术的应用，企业可以实现数据采集和处理的自动化和智能化，提高数据处理效率和准确性。这不仅可以降低企业的运营成本，还可以帮助企业更好地了解业务运营情况，作出更明智的决策，实现更好的业务表现。

（二）财务分析与决策支持

数字化技术可以帮助企业进行更深入的财务分析和决策支持。通过运用人工智能、大数据等技术，企业可以自动化、批量地进行财务数据分析，从海量的数据中提炼出有价值的信息，为决策提供数据支持和依据。

数字化技术可以进行财务预测。通过分析历史财务数据和市场趋势，数字化技术可以预测未来的财务状况和业绩表现。这种预测可以帮助企业提前做好规划，制定相应的经营策略，提高决策的准确性和效率。

数字化技术可以进行投资决策支持。在进行投资决策时，数字化技术可以提供对投资项目的全面评估和分析，包括投资回报率、风险评估、市场前景等多个方面。通过这种分析，企业可以更加准确地评估投资项目的可行性和优势，提高投资决策的效率和准确性。

数字化技术还可以帮助企业进行成本管控和盈利能力分析。通过分析成本数据和业务数据，数字化技术可以帮助企业识别成本管控的重点和盈利增长点，为企业制定经营策略和优化业务流程提供参考。

数字化技术还可以帮助企业进行风险管理和内部控制。通过数据分析和管理流程的自动化，数字化技术可以帮助企业识别潜在的财务风险和内控问题，及时采取措施进行防范和应对。

（三）风险管理

数字化技术在风险管理方面的应用可以帮助企业更有效地识别和应对潜在的财务风险。通过数据挖掘和分析技术，企业可以获取更全面的供应链和市场风险信息，并能够实时监控风险状况，以便及时采取应对措施。

数字化技术可以通过数据挖掘和分析来识别潜在的财务风险。通过对供应链数据、财务数据、市场数据等多个来源的数据进行分析，企业可以发现潜在的财务风险和供应链风险，如供应商违约、价格波动、市场变化等。这种分析可以帮助企业提前预警风险，并采取相应的措施进行防范和应对。

数字化技术可以实时监控风险状况。通过建立风险监控模型和指标体系，数字化技术可以实时收集和分析内外部数据，监控企业的财务风险和供应链风险状况。一旦发现异常情况，数字化技术可以及时发出预警，提醒企业采取相应的应对措施。

数字化技术还可以通过模拟和预测来评估不同风险管理策略的效果。企业可以通过模拟不同的风险管理策略，如改变供应商、调整价格策略等，来预测不同策略可能带来的风险和收益。这种模拟可以帮助企业制定更加科学、精准的风险管理策略，以优化风险管理效果。

数字化技术还可以帮助企业建立完善的风险管理制度和内部控制体系。通过数字化技术的运用，企业可以自动化、智能化地执行风险管理流程，如风险评估、风险监控、风险应对等，以此提高风险管理效率和准确性。

（四）业务流程优化

数字化技术在业务流程优化方面的应用可以帮助企业提高工作效率和降低成本。通过自动化和智能化技术，数字化技术可以实现财务报销、采购等流程的自动化，减少人工干预和等待时间，提高工作效率和准确性。同时，数字化技术还可以通过数据分析来发现流程中的瓶颈和问题，进一步优化业务流程。

数字化技术可以实现财务报销流程的自动化。传统的财务报销流程需要员工手动填写报销单据，经过层层审批后才能报销。而数字化技术可以通过电子化报销系统，实现报销单据的在线填写、审批和支付，大大缩短了报销周期，减少了人工干预。同时，数字化技术还可以通过数据分析来监控报销数据和趋势，帮助企业进一步优化财务报销流程。

数字化技术可以实现采购流程的自动化。通过电子化采购系统，企业可以实现采购需求的在线提交、审批、询价、下单等流程的自动化。这不仅可以提高采购效率，还可以降低采购成本，减少人为错误。同时，数字化技术还可以通过数据分析来监控采购数据，趋势，帮助企业进一步优化采购流程。

数字化技术还可以帮助企业优化其他业务流程。例如，通过智能化技术实现订单处理流程的自动化、通过数据分析发现生产流程中的瓶颈和问题等。这些优化措施可以提高企业的整体运营效率，降低成本。

数字化技术还可以帮助企业建立完善的管理制度和内部控制体系。通过数字化技术的运用，企业可以自动化、智能化地执行各项业务流程和管理制度，提高管理效率和准确性。同时，数字化技术还可以帮助企业建立风险预警机制和内部控制体系，提高企业的风险防范能力和内部控制水平。

（五）战略规划与执行

数字化技术在战略规划与执行方面的应用可以帮助企业实现更科学的战略制定和更精准的执行。数字化技术提供了丰富的数据来源和数据分析工具，使得企业可以更好地了解市场、竞争和业务情况，从而制定更为科学、精准的战略规划。

数字化技术可以帮助企业收集和分析市场数据。通过大数据技术，企业可以获取海量的市场数据，包括竞争对手的销售情况、市场需求、消费者行为等。这些数据可以帮助企业了解市场趋势和竞争格局，为制定销售策略、产品策略等提供参考。

数字化技术可以帮助企业进行精准的目标市场定位。通过数据分析，企业可以了解目标市场的需求和行为特征，从而制定更为精准的市场定位策略。例如，企业可以通过分析消费者的购买行为、偏好和需求，制定更为精准的产品设计和营销策略。

数字化技术还可以帮助企业进行战略模拟和预测。通过模拟不同的战略方案，数字化技术可以预测不同战略对企业业绩的影响，从而帮助企业制定更为科学、精准的战略规划。同时，数字化技术还可以通过数据挖掘和分析来预测市场趋势和竞争格局的变化，为企业提前做好应对措施提供参考。

四、数字化与业财融合的未来趋势

随着数字化时代的到来，业财融合逐渐成为企业发展的关键战略之一。数字化技术为业财融合提供了更多的机遇，同时也带来了一系列新的挑战。下面就数字化与业财融合的未来趋势展开讨论。

（一）数字化技术不断升级，业财融合将更加智能化

随着人工智能、大数据、云计算等数字化技术的不断升级，业财融合将更加智能化。企业将能够更快速、更准确地处理和分析海量数据，实现业务和财务之间的智能匹配和优化。例如，利用人工智能技术对采购、生产、销售等各个环节进行智能预测和管理，实现资源的最优配置和效益的最大化。

（二）业财融合将更加注重服务质量和用户体验

数字化时代，服务质量和用户体验成为企业竞争力的重要体现。在业财融合方面，企业将更加注重服务质量和用户体验，以满足客户需求，提高客户满意度。例如，通过数字化技术实现财务报销的智能化和自动化，提高员工报销的效率和体验；通过智能化分析客户购买行为和偏好，为客户提供更为精准的产品和服务。

（三）业财融合将更加注重数据安全和合规性

数字化时代，数据成为企业重要资产的同时，也带来了一系列数据安全和合规性问题。在业财融合方面，企业将更加注重数据的安全性和合规性，保障企业的商业机密和客户隐私不受侵犯。例如，加强数据加密和访问控制措施，确保数据的安全性和完整性；遵守相关法律法规和标准，保障数据使用的合规性。

（四）业财融合将更加注重跨界合作和创新发展

数字化时代，跨界合作和创新发展成为企业获取竞争优势的重要途径。在业财融合方面，企业将更加注重跨界合作和创新发展，以拓展新的业务领域和商业模式。例如，企业可以与互联网企业、科技公司等开展合作，共同开发新的产品和服务；通过引入新的技术和理念，实现业务流程和商业模式的创新。

第三节　智能财务理念下的新业财融合路径探讨

新时代经济发展环境下，各个行业的都面临着发展挑战。为有效优化产业，升级产业，行业内的领头企业应主动开展财务工作创新，对财务流程进行优化改革，以达到企业战略发展目标。通过对部分企业的财务流程改革创新工作进行解析可知，在对企业财务工作进行优化时，若过度依赖财务信息系统完成集成处理，则会导致财务工作的灵活性受到一定限制，且在对财务信息系统进行开发时，长周期的工作流程，将会影响到财务创新工作落实的实际效果。

在智能时代发展场域下，财务流程如何进行重新打造，实现“智能财务”创新愿景，成为企业新业财融合工作开展的首要问题。为此，借鉴 BPR（业务流程再造）方法论，围绕企业智能业财融合工作目标，依循“智能财务”的管理工作基本要求，对智能时代背景下，企业财务流程再造思路进行梳理，对其财务流程再造思路进行论述，说明企业新业财融合工作开展的可行性与有效性。

一、坚持业财融合理念，搭建端到端的流程框架

在当今的企业环境中，传统的财务工作模式已经无法满足企业的需

求。为了更好地支持企业的发展，企业需要打造“智能财务”运行流程。这种流程需要打破传统的财务工作模式，让财务工作人员深入企业业务前端，与业务人员积极互动。这种业财融合的工作模式对财务人员提出了更高的要求。他们不仅要对企业财务工作进行分析，还要从全局角度出发，对企业基层业务工作进行考量。这意味着财务人员只有具备更全面的知识和更深入的理解，才能更好地支持企业的业务发展。

在财务流程再造过程中，建立“业业—业财—财务”端到端的财务流程管理工作体系是必要的。这种体系能够确保财务流程不仅考虑到财务本身的工作，还考虑到与企业其他业务部门的联系和互动。通过这种体系，企业可以更好地整合资源，提高工作效率，并确保财务管理工作的准确性和及时性。

在实际财务工作开展过程中，根据企业业务部门的特点，对财务流程进行区分和细化是非常重要的。每一种特殊的业务都需要有相对应的财务流程细化工作标准，以确保企业业务开展的质量和效果。这种标准化的工作流程可以减少错误和疏漏，提高工作效率，并为企业决策提供更准确的数据支持。

在探索新的业财融合路径时，企业需要坚持业财融合的工作理念，搭建端到端的财务流程框架。这种框架可以直观地展示财务流程的全貌，使财务人员能够更好地了解基层业务开展的实际情况，并与基层业务员进行工作衔接。当基层业务工作内容发生变化时，财务人员需要及时察觉，并与业务主管部门进行沟通交流，及时调整财务流程，以确保财务管理工作的及时响应和业务开展的质量与效果。

企业在打造“智能财务”运行流程时，需要注重业财融合，让财务人员深入了解企业业务，并与业务人员积极互动。同时，需要建立端到端的财务流程管理工作体系，并根据企业业务特点对财务流程进行区分和细化。这种工作模式有助于提升企业业务开展的质量和效果，并确保财务管理工作的及时响应。

二、合理应用自动化手段，实现业财流程智能化管理

部分企业在构建智能业财融合模式时，通过引入 ERP 资产管理、资金管理等多种财务信息系统，尝试实现财务流程的自动化和智能化。然而，实际操作时，这些企业发现财务流程中存在许多重复环节和附加值较低的财务流程，需要财务人员手动完成。随着企业财务工作量

的不断增加，财务人员的工作压力也不断增加，同时人工统计、录入的出错率也升高，导致财务流程的准确性下降，影响到企业财务工作的整体开展效果。这种传统的财务工作方式已经无法满足现代企业的需求。为了解决这个问题，企业需要对财务流程进行合理优化，突出“机器属性”的财务流程，实现财务流程自动化处理。通过对财务工作进行合理调度，进而实现财务流程智能化管理，逐渐实现业财融合智能化管理工作目标。

在优化财务流程时，企业可以引入 RPA（机器人流程自动化）等智能化技术。RPA 是一种基于规则的自动化技术，可以模拟人类在计算机上执行的操作，完成重复、烦琐的任务。在财务领域，RPA 可以用于各种场景，如数据采集、录入、归档、上传等。通过合理部署 RPA 机器人，企业可以实现对现有财务流程的自动化处理。

RPA 机器人的应用将大大提高财务工作的效率和准确性。首先，RPA 机器人可以实现全天候运转，可以在任何时间、任何地点执行任务。其次，RPA 机器人具备非常高的逻辑运算准确性，可以避免人为因素造成的错误和疏漏。此外，RPA 机器人还可以对现有的财务工作进行灵活调整，根据企业的需求和变化进行快速适应和调整。

通过引入 RPA 等智能化技术，企业可以实现财务流程的自动化处理和智能化管理。这将大大提高财务工作的效率和准确性，减轻财务人员的工作压力。同时，RPA 机器人的应用还可以推动财务信息系统的全面升级改造，为业财融合提供技术支持。通过将财务流程与其他业务流程进行集成和整合，实现业财融合的目标。

此外，企业还需要不断优化和完善财务流程和信息系统。随着市场环境和业务需求的变化，企业需要不断调整和优化财务流程和信息系统，以适应不断变化的市场环境和业务需求。同时，企业还需要加强对财务人员的培训和管理，提高他们的技能水平和综合素质，以更好地支持企业的业务发展。

三、建构数据信息标准化，推动企业精细化管理运营

在企业财务流程再造过程中，应当建构财务数据信息标准化，有效推动企业精细化管理运营，提升企业市场核心竞争力。在企业财务数据管理标准化与规范化工作落实时，可从以下领域入手，开展具体工作，推动企业智能业财融合发展。

（一）完成财务数据产生与记录的标准化

在企业财务工作开展过程中，确保财务数据的准确性和标准化是非常重要的。为了实现这一目标，企业需要基于实际管理工作要求，对端到端流程涉及的具体业务、财务数据、口径、频率等进行明确要求。

首先，企业需要对涉及的具体业务进行明确规定。这包括业务流程的各个环节、涉及的部门和人员、业务操作的具体步骤等。通过明确规定业务流程，企业可以确保财务数据产生的源头是准确和可靠的。

其次，企业需要对财务数据进行规范化的处理。这包括财务数据的采集、录入、处理、存储等环节。企业需要建立统一的财务数据标准，包括数据格式、数据类型、数据精度等，以确保不同部门和人员之间的财务数据能够相互兼容和共享。

此外，企业还需要对财务数据的口径和频率进行明确规定。这包括财务数据的统计口径、计算方法、报告频率等。通过统一口径和频率，企业可以确保不同部门和人员之间的财务数据能够相互对齐和比较，避免出现数据不一致或重复的情况。

通过以上措施，企业可以实现对财务数据产生与记录的标准化。这将有助于提高财务数据的准确性和可靠性，为后续企业业财融合工作提供准确可靠的财务数据支持。同时，也有助于提高企业财务管理工作的效率和效果，提升企业的整体竞争力和可持续发展能力。

（二）企业财务数据储存与调用标准化

在推动“智能财务”工作开展过程中，企业财务数据的储存与调用标准化是至关重要的。这不仅可以提升企业财务部门与业务部门的工作衔接质量，还能确保财务数据的安全性和可靠性。

企业需要对财务数据的储存路径进行明确规定。这包括财务数据的存储位置、存储方式、存储期限等。通过制定统一的标准和规范，企业可以确保财务数据得到有效的存储和管理，避免数据丢失或损坏的情况发生。

企业需要逐步打通业财系统融合，实现财务数据与其他业务数据的共享和同步更新。这有助于提高企业财务工作的效率和准确性，避免出现数据不一致或重复的情况。同时，也有助于加强企业各部门之间的协作和沟通，提高企业的整体运营效率。

在实现财务数据储存与调用标准化的过程中，企业还需要对调用权限进行标准化处理。这包括明确规定各部门和人员对财务数据的调用权限、调用方式、调用范围等。通过制定统一的标准和规范，企业可以确保财务数据的安全性和可靠性，避免数据泄露或滥用的情况发生。

企业财务数据储存与调用标准化是推动“智能财务”工作开展的重要环节。通过明确规定财务数据的储存路径、打通业财系统融合、标准化处理调用权限等措施，企业可以提高财务工作的效率和准确性，确保财务数据的安全性和可靠性，为企业的可持续发展提供有力支持。

在企业长远发展过程中，财务部门应基于企业战略规划的要求，推动财务数据质量控制标准化运行，如应用管理会计的技术方案，搭建多维度财务分析体系，对企业财务工作管理现状进行全面评估，并依据评估结果，对财务数据质量提出标准化的控制要求。在实际工作中，应当对业务工作数据与财务工作数据进行定期检查，确保数据得到及时上传，且数据格式规范，信息准确，为企业的后续战略决策提供资料分析与参考，有效地提升企业决策管理的科学性与有效性。

参 考 文 献

[1] 陈剑，梅震．构建财务共享中心[M]．北京：清华大学出版社，2017.
[2] 董皓．智能时代财务管理[M]．北京：电子工业出版社，2018.
[3] 董俊岭．新经济环境背景下企业财务会计理论与管理研究[M]．北京：中国原子能出版社，2018.
[4] 窦雪霞．财务数字化转型相关问题探讨[J]．中国注册会计师，2021（8）：91-93.
[5] 姬潮心，王媛．大数据时代下的企业财务管理研究[M]．北京：中国水利水电出版社，2018.
[6] 李俊秀．企业财务管理的转型与创新研究[M]．昆明：云南人民出版社，2019.
[7] 龙敏．财务管理信息化研究[M]．长春：吉林大学出版社，2016.
[8] 任振清，王淑珍，运玉珍．财务数字化转型，大型企业智能财务创新应用研究[M]．北京：清华大学出版社，2023.
[9] 孙亚兰，马忠民．数字化转型下的企业财务风险管理创新策略研究[J]．现代商业，2021（2）：181-183.
[10] 王会波．企业财务数字化转型的理论逻辑与发展趋势探讨[J]．中国注册会计师，2021（6）：106-108.
[11] 武建平，王坤，孙翠洁．企业运营与财务管理研究[M]．长春：吉林人民出版社，2019.
[12] 于广敏．企业财务管理与资本运营研究[M]．长春：东北师范大学出版社，2017.
[13] 张冠芸．论财务数字化转型对提升企业经营管理的作用[J]．当代会计，2021（15）：80-81.